まなざし

埇田なな

Soneda Nana

リーブル出版

もくじ

母のまなざし

母のまなざし

二十数年前にさかのぼります。まず最初に頭に浮かんだのは、足首を骨折して何かと不自由になり、仕事を退職せざるをえなくなったことです。後悔は全くなく、やれやれとほっとした気分でした。それと同時に、リハビリに明け暮れる毎日が始まったことです。退院の時、主治医から、「あなたの場合、歩けば歩くほどよい。杖は持たない方が、早く回復に向かうでしょう」と一言ご指導いただいたとおり、必死で歩き続けました。まるでロボットのようだなあと、動きにくくなった足を引っぱっている感覚をじっくり味わいながら……。

その頃、私の相棒さんも持病克服のために、朝に晩によく歩いていたので、後ろから相棒さんの背中を見ながら、よちよちと根気強く追いかけたことでした。ところが一歩踏み込む時に勇気がいりまして、音は聞こえませんが、ビリビリ、バリバリと筋肉なのか骨なのか、悲鳴を上げていそうなほどの痛みを感じていました。それでも何がなんでも痛みとともに歩かねばなりません。こういう状態がその頃の私の日常でした。

それから15年ほどが過ぎた頃から、まるで嘘だったのではないかと疑いたくなるほどに、少しずつ痛みが和らいでいったのです。そして底の厚い靴を選べば歩く距離も長くなってきたではありませんか。歩きながらよくかみしめてみると、硬いアスファルトの道路で衝撃を受けても、エアソール付きの靴なら、痛みの度合いは少なくなっています。この時の嬉しさは、ややこしい説明などいりません。頭や胸のしこりが消えて体重まで減っていく気分でした。

歩く苦痛を通り過ぎ、楽しくなってきたある日、主治医や二人の若い医師、そして看護師さんたちへの感謝の気持ちが、ふつふつと湧いてきました。

「ありがとうございました。歩けるようになりました。足首を切らないで残してくださり、心からお礼申し上げます」

と直接この旨をお伝えせねばと心に余裕ができた時には、皆さまがどこで勤務されているのか分からず、その上お名前もすっかり忘れているのです。どうにもなりません。ですが、いつも感謝の気持ちは忘れてはいけないと肝に銘じています。

二つ目の思い出話は、ある日ひょっこり庭先に現れた二人の女性のことです。まだ若さは残っていても、物静かな語り口調が印象的でした。この時どんな話をしたのか、残念ながら全く思い出せません。唯一はっきり浮かんでくるのは、「『母』という本があるよね」と、二人が話していたことだけです。話の前後のどこで『母』という本が表れたのかも、思い出せません。これまで〝三浦綾子さん〟のお名前は知っていても、本の1冊すら読んだことはなく、手の届かない作家のお一人なんだと、雲の上のようなお方だと思っておりました。この日はそれだけで終わっています。それ以後、物静かな二人の女性と会うこともなく、どこの方かお名前も知らないまま、10年という月日があっという間に過ぎていました。

ところが、二人の女性の話から飛び出した『母』というタイトルの本が、頭の片隅にひっそりと住み着いていて、忘れられないものになっているとは予想外のことでした。

『母』という本のタイトルだけ頭の片隅に残して過ぎ去った10年の月日、いったい何に費やしていたのでしょう。一言で言うなら、リハビリの毎日だったことは間違いありません。毎日毎日立ち上がるとき、横になるとき、歩くとき、一つ一つの行動がリハビリとなっていました。

そんなある日、新しいリハビリ方法を加えることに気がついたのです。それは庭作りに挑戦することでした。土に触れ、植物を育てることで、精神的な心のリハビリをしてみたくなったのです。ですが、計画を立てることもせず、体当たりで実行に移してしまいました。山のそのままの硬い土に柔らかい土を入れ、植物にやさしい苗床を作ってやらなければならないなんて全く考えていませんでした。ただ硬い土を耕しながら夢ばかり見ていました。『花をたくさん咲かせ、花に囲まれて呼吸をするのです。豊かに育った野菜を収穫し、新鮮な野菜を食べ、おいしさを味わいたいのです』

ところが楽しい夢は、まだただの夢でした。大変なことが起こりました。うっかりして石を持ち上げ、土を運び、シャベルに力を入れて土を掘り起こしたりすると、手足や体中に痛みを感じるばかりでなく、ようやく痛みが和らいできた古傷に再び痛みが出て、そればかりでなく動きづらくなったのです。改めて主治医が言われた言葉を思い出しました。「重い物は、持たない方がいい」という教えは、「こうなりますよ」と語っていたのです。それ以後この短い言葉は、「重い言葉」となって、脳裏にしっかり刻み込むことになりました。

それからは、重さをまず確かめてから動くことにしました。小分けにした化学肥料をせっせと植物に与えましたが、夢に描いたような成長ぶりを見ることにはなりませんでした。こんな時に限って、神経は足元に向きました。不自由な動きやギリギリした痛みは、これも生きている証の一部分にすぎないと、無意識のうちに耐えていることに気がつきました。私の相棒さんは、松の木を切り倒したり、開墾したり、力作業に精を出していました。ところが見事に予想は外れて、野菜も花も痩せ細った物ばかりでした。私も相棒さんも全くと言っていいほど、畑で野菜を作った経験がなかったからでしょうか。ところが一つだけ話題にできる収穫がありました。えんどう豆です。初めてにしてはたくさんの収穫です。二人では食べきれないやと話しているところへ、お世話になった町のクリーニング屋さんが現れたのです。取れるだけたくさん持って帰るように言ったら、クリーニング屋さんも大喜びだったし、収穫した物を快く差し上げる喜びを相棒さんも口にはしませんでしたが、感じていたはずです。

その日は珍しく空を仰ぎ周囲を見渡していました。今まで下ばかりを見つめる日が多かったのです。今まで気がつかなかった周囲の土手や山々が見えてきました。栄養も与えられず、全て自然のままに育った野生の植物たちは、彩りも豊かで四季折々の美しさが広がっているではありませんか。

はっと目が覚め、生きている風景に目を奪われました。ひときわ紅く目立っているのは、櫨《はぜ》の木にちがいありません。ここの土地は殊に櫨の木に適した土質らしく、秋の終わりにも、一番最後まで真紅の輝きを見せていました。そればかりか、周囲の木々は落葉しても、太陽の光を受けて誇らしげに葉を広げて立っているのです。ある時には「あのきれいな赤色は何だろう」と遠目に見えている真紅に引き寄せられ近寄って確かめると、「なんだ、櫨の木か」と思わず落胆の声が出てしまいます。

人にはあまり好まれない櫨の木なのに、そんなことおかまいなしで、殺風景な晩秋の風景の中で、勝ち誇ったように派手な姿で群生しているではありませんか。

翌年のことです。冬になっていました。さすがに櫨の木にも真紅の葉は1枚も残っていませんでした。少し残念な気持ちにもなりながら近寄れば、なんと新しい物を見つけました。これは何だとつぶやきたくなりました。首が垂れる状態で、淡黒色の実がたわわにくっついているのです。初めて目にした櫨の木の実でした。地面にも落ちていて一房手に取り眺めてみました。そのうちなんとも言えない気品を感じてきました。そのまま捨てがたくなり、何かに使えないか迷いました。

ここでもう一つ嬉しいことがありました。念願のひまわりが驚くほどたくさん咲いてくれたのです。１００本、２００本、いやもっといっぱいです。それもあまり良い土ではなく、肥料も足りない庭の隅々に黄色く輝いていました。疲れを忘れるほど嬉しくてたまりませんでした。ところが当然ながら晩夏になると、いつの間にか色褪せて力なく首を垂れていく様を淋しく見守ってやらねばなりません。とその時、ふっと頭に閃きました。わずかな時間でしたが、幸せを味わせてくれたのです。今は誰からも忘れられようとしており、いずれは無惨にも捨てられるのです。その前に喜ばせてくれたお礼をしなくちゃと思いついたのは、どんな姿になっても人の記憶に残ってほしいと思ったのです。

同じ運命になる淡黒色の櫨の実と一緒に、今度は花びんに挿してみようと、比較的大きくて丸い輪の中に種がびっしり並んでいるひまわりを選び出し、首を垂れたままの櫨の実の房と並べてみました。丸い花びんに並べてみると、名もなき珍しい植物たちに見えて、私は不思議な気分でした。なんだか静かに侘びの香りも漂っているようでした。私の気持ちはじっとしていなくて、この2本の植物を並べ変えてみたくなりました。2本を左右を入れかえたり、離してみたり、いじり回しているうち、その手で顔や首を何度もこすってしまったから大変です。時間とともにかゆくなり我慢ができなくなったのです。櫨は気触れの木だというのはよく知られています。私は無意識に掟を破っていたのです。体感するのは初めてです。

潜伏期間が2、3日ぐらいあるらしく、その頃からかゆさは半端じゃなく、我慢できなくてかきむしるほどになりました。数週間たってようやく和らぎました。ところが今度は大小さまざまな形のシミが現れたではありませんか。そのシミも簡単に消えそうにありません。「泣き面に蜂」とはこんなことでしょうか。気長い養生が欠かせなくなりました。

こんな毎日の10年間が過ぎる頃、結果が出ました。夢を見て努力はしてきましたが、残ったのは、疲れ果てたしんどさと足の痛みだけがビリビリと身体全体に伝わってきます。

すべてを投げ出して大の字に横たわると、目の上に見えるのは晩秋の青空ばかり。間もなく訪れる冬の風が音もなく流れていきます。侘しさが広がってゆくのです。こんな静けさの中から、ふと心に浮かんだのは、『母』という本でした。私は何を思ったのか、やおら起き上がり電話を取りました。1軒目の古書店は駄目でしたが、2軒目は良い返事が返ってきました。在庫があり配達もできるとのこと。さっきまでのうつろな気分はどこ吹く風。ウキウキした気分に早変わり。すぐにお願いしました。ありがたいことです。不便で乗用車がなくても、なんとか生きていけるものです。一安心して間もなくのこと、店長さん直々に届けていただきました。良いこともあるものです。幸せな気分でした。

ところが幸せな気分でいられるのもつかの間で、相棒さんの人生があっさり終わってしまったのです。相棒さんの仕事が単身赴任やら出張だらけで、落ち着いた生活の思い出がないし、相棒さんがどんな人なのか、はっきりわからないままだったから、退職した今から結婚生活がスタートするのだと決めていたのに、また私の夢は叶わなくなりました。

この時から喪主となり、未亡人となり、書類上では寡婦となりました。女ひとり身には変わりないはずですが、結婚前の独身時代とは全く違い、世間の目や風当たりがちがいました。女一人が努力して気を張って生きる姿に、独特の興味半分の目が向けられてくるのです。それを承知の上で気持ちを切り換え、自信やら誇りを整えていざ出陣とばかりに外へ出ても、やはり冷たく意地悪く吹いてくる風を、身をかがめて受け止めねばなりません。

ところが1年が過ぎ、2年が過ぎる頃、一人の生活も悪くないし、自由に動ける日々が楽しくなりました。その感性は私だけではないことを知りました。不思議にも某月某日の新聞広告欄に本の紹介があり、見出しを読むだけで気分爽やかになりました。著者は男性でしたから、なおさらのことです。簡単に紹介されている本の内容を読みますと、「一人暮らしがいかに楽しいかと主張し、残りの人生を謳歌しているのだ」と社会に知らしめていることがわかりました。私はほっとしました。こんな男性もいたのです。詳しく読まなくてもすべて理解できます。まるで友人が現れた気分です。思わず意地悪い婦人の方々に向かって笑顔を投げてしまいました。誰も知らない自己満足の笑顔です。

相棒さんには申し訳ありませんが、言葉では言い表わせないその日までの大変さをかみしめながら、今まで以上に自由である楽しさで満たされるのです。

長い時間かかっても、自分の人生は自分で築いていけば、他人から何を言われても何をされようが、それらすべては老齢の身で感じる楽しさへと変わるではありませんか。

「あの女えらそうに一人で、金はあるのかね」

「男を囲っているとちがう?」

「それとも道理を外れて、泥棒さんでもやってるかもね」

と、まことしやかに悪いレッテルを貼りつけ、囁き合い、噂を広めることを楽しみ生きがいを感じている人たち、また自分の持っている不満を噂の中に流し込んで意気揚々息巻く人たちがいるのです。これが不毛の世界なら、まず子どもには太刀打ちできない言葉ですし、耐えられない苛めなのです。どうすることもできない子どもは誰にも訴えることもできず、自殺しか逃げ道がないのです。

私は以前報道された映像を思い出していました。

戦後勝戦国が主体になり、日本の憲法改正の討議がありました。一人のアメリカ人女性が日本女性の生き方に視線を向け、日本の女性に代わって主張してくれたのです。ベアテ・シロタ・ゴードンさん。ご両親は期限付きで招かれた音大の先生で、戦争が始まっても契約を放棄して、さっさと自国へ帰ってしまうような方ではなかったのです。ベアテさんはそんな両親の元で、５歳頃から日本での生活が始まっています。お手伝いさん付きの何不自由ない家庭でありながら、日本女性の地位の低さをしっかり見つめて成長していたのです。高校生の頃にアメリカの地を踏んでからは、当然ながらアメリカの生活に切り変わったことでしょう。ですが、いつも両親の安否を気遣いながらも終戦となり、再び両親を捜しに日本へ来られたとのことです。無事両親の元気な姿と再会して安心されたことでしょう。しかし5歳頃に焼け野原となった日本を目の前にして、他人事とは思えないほど胸を痛めておられたとのこと。日本の片隅に生きている小さな存在の私は、ベアテさんの思いやりに、精いっぱいの感謝を込めて胸の中で大きな拍手を送りました。

戦後、アメリカの指導を受けながら、日本の憲法の改正が始まった時のことです。ベアテさんは女性の地位の低さに、たくさんの異議を唱えたとあります。ベアテさんにとって幼い頃から見てきた日本女性の姿。

・常にうつむき加減に下を向き、顔を上げて自分を主張する言葉を持たない
・男性より前へ出てはいけない。一歩下がって隷従すること

これは一部の例にすぎないでしょう。ベアテさんは諸外国、とくにアメリカの女

性の生きざまとは違う日本女性の姿に気をもんでくれたのです。

日本女性も憲法論議の中に押し出してもらい、ベアテさんの熱心さのおかげで幾つか取り上げてもらうことになったのです。こうして新しい日本国憲法は定められました。中でも女性の地位に関わる項目も、第24条にしっかり残されました。

一つ「家庭における、個人の尊厳」

一つ「両性の平等、対等な立場」でした。

残念なことに、2012年にベアテさんは亡くなられたと知りました。その残念さは偶然にも素敵な映像に導かれることになりました。今から数年前だったと思います。テレビの画面に映し出された二人の女性の姿。一人はベアテさんで、並んで横に立っていたのは娘さんだったと記憶しています。それは日本国憲法法制定にまつわる歴史的事実と、それを取り上げたテレビ番組により、私の願いが細い糸でつながっている気がして、一瞬目が覚める思いでした。

ここで私はしばらく立ち止まって考えてしまいました。時代をぐっとさかのぼることになります。行き着いた先は、江戸末期から明治にかけてです。新兵器を持つ官軍と兵士の少なくなった幕府軍の最後の決戦後の話です。勝利を得た朝廷側は、新しい時代を明治と称し、外国への窓を大きく開き、政治的にも文化的にも新しい装いをつくり上げようと意気込んでいました。ここでベアテさんに再登場してもらい教えを請いたいのです。

どんなことかというと、日本にも一部の女性ではありましたが、ベアテさんが努力してくださった理想に近い女性はいたのです。ですが限られた娘たちでした。新政府が認めた娘たちです。賊軍となった武士のいわゆる士族だった家の娘たちです。経済力がなくても意欲があれば、政府からの援助を受けて留学できました。経済力のある家の娘たちは、自由に遊学が許されていました。

このように選ばれた娘たちは希望を抱き、日本の先駆けとなって海外へ飛び出していきました。ところが中には悪戦苦闘の日々が始まる娘たちもいました。外国の生活になじめず早々と帰国せざるを得なかったと伝えられています。反対に、苦闘にめげず根気よく努力を惜しまなかった娘たちは、服装、生活習慣、語学等をしっかり学んで身につけ、帰国できたのです。彼女たちは日本の代表者になり、華々しく社交界にデビューしたり、語学を生かして国の指導者となって活躍し、歴史にも名を残すほどの実力者となっていました。

新憲法が発足してからは、ベアテさんが骨折って主張していただいたとおり、男性と対等の姿勢で、堂々と国会にも進出できるようになり、男性も目を見張るほど驚いた様子が見えるようです。それ以後、女性の地位は徐々に認められ上昇していったかに思えたはずです。

ところが明るい希望を抱き、胸張って社会に進出できたのは、ほんの一部の女性にすぎなかったと予想できます。大半の一般の女性の前には厳しい現実が淀んでいたのです。留学や遊学を成し遂げた先駆者たちのようになりたいと憧れるのは誰しものこと。お金がなくても努力すればきっと叶えられるはずと、女性たちは立ち上がり働く喜びを得ようとしました。ですが今までの社会構造から脱出して経験も少ない身で、一人前の女性として仕事を得ること自体、並大抵の苦労では成し得ないことでした。

強く前に出て主張すれば「悪女」とされ冷たく見られ、もがけばもがくほど笑い者になり、理想にも近づけず諦めて力尽きた女性の口から出た言葉は、「大勢の中で目立たず静かに生きていくことが、心に傷も受けず大きな悲しみもなく無難に生きていける方法だよ」でした。これ以上もう何も言葉はありません。

このへんで過去とおさらばして、現実に戻ります。

梅雨の雨に濡れている雑草や空に向かって伸びようとしてやまない木々を眺める一時が過ぎれば、やがて夏になり、この時期をじっと待っていた蝉たちがミンミンと一斉に鳴き始めるのです。1匹1匹の鳴くリズムや音程は違っているはずなのに、乱れもなく一つの大合唱となって響きわたっています。不思議にもやかましく感じず、それどころか、暑さを我慢しながら、流れる汗を拭くひとときに、安らぎを与えてくれている気がして、元気がもらえます。ところが8月の下旬になると、急に静かになります。弱々しく途切れ途切れの声に変わり、最後まで鳴き続けた1匹も、遂に力尽きてポタリと地面に落ちた時、夏も終わったんだと悟らねばなりません。シーンと静かになった中に、淋しささえ感じてしまいます。次には紅葉した木の葉もカサカサと音を立て、地面に舞い散る日が始まります。数週間過ぎると枝や幹だけを残して、地面はすっかり枯葉で埋まってしまいます。枯葉だけではありません。それから10年ぐらい過ぎると、いろいろな思いも色褪せるのです。色褪せる前にしっかり書き留めておきたくなったのです。

ここで急に考えさせられる事態が発生しました。

男性はいろいろな面で強いのです。力のいる仕事、技能や技術を要する仕事、山や土木・電気関係、建築関係、原発事故の後始末等々。世の中が何不自由なく暮らせているのは、男性のおかげなのだと心から思えます。なかでも気の毒な犠牲を負うのも、大半が男性であったと改めて統計的にまとまりました。もちろん女性が活躍できる面も多々あります。

戦後76年、大きく変化してきました。

日本国憲法第24条は、女性の生きる先に、明るい指針を示してくれました。令和になり、再び気になることがあります。女性の持つ力の限界を知り、どう乗り越えていけばベアテさんが胸を痛めて主張し、憲法になった「両性の平等」「対等な立場」に近づけるのでしょうか。これからは女性自身に課せられた、重い課題なのかもしれません。

『母』の本を購入してから10年。さまざまな人生を歩むことに暇がかかり、しっかり老人となりました。ようやく落ち着いて本が読める時間がもてそうです。あの物静かに語る見知らぬ二人の女性に会ってから20年。今ようやくページを開くことになりました。

　頭の扉が開いて、するすると文章がすべり込みます。心も少しずつ癒やされていくのがわかります。難しくないし、ややこしくない文章。一語一節を大切にして、自然体で語っています。温かさ優しさが滲み出てくる語りのおかげで、私の目は中断することなく、文字を追いかけているのです。目の疲れもまだありません。２ページ、３ページ、一流作家の文章とは、こうも読者を惹きつけていくものかと、改めてこの本と巡り合えたことに感激しています。

　懐かしさと親しみが滲み出る独特な方言にも惹きつけられています。秋田県釈迦内村の方言でしょうか。語られる内容は決して明るく楽しい話ではありません。それどころが暗くて悲しい話です。それを感じさせないのは、幼い時から方言と一緒に長く暮らしてきた雰囲気が、そのまま物語の中に溶け込んでいるからかもしれません。また作者の人間性がどこかしこに垣間見えているのです。

　初対面からあまりにも褒めそやすことばかりで面映ゆい気もします。初めて三浦氏の本に触れ、何もかもが新鮮で余計に心打たれているのかもしれません。

　ところで私はこの際、今まで何を勉強してきたのかと疑問が湧いて、あまりの知識の乏しさにうんざりしてきたのです。小林多喜二と母親を学ぶ前に、おこがましいながら時代をさかのぼって歴史を学び直す必要性に迫られました。どこまで歴史を巻き戻しすればいいのか思案しても高齢にさらに年を重ねることになるから、まず迷わないで坂道を登ってみます。

世界中のあちこちに人の集団が形成され、次第に集団の中でリーダーが出始め、大きな国、中くらいの国、小さな国として生活が動き始めると争いが生じ、それが高じて権力争いとなり、上下関係の格差がはっきりしてきたのです。弱い者は統率力の強者に従うようになりますが、支配される側になった弱者は、絶対服従を強いられます。君主の側は意のままに主張し、命令を有無も言わさず受け入れさせるまでの独裁者になっています。従わない者は、家族一族が反逆者にされ、抑圧され、拷問を与えられ、心身ともに血を流し傷だらけです。こうまでして痛めつけねば権力者は安心できなかったのです。信念を曲げない反逆者には、最後に処刑を下すのです。命令を出す独裁者は、背後で見物しており、刑を執行する者は、黙々と命令どおり義務を果たすのみです。なかには秘密をもらされないために、執行人まで闇に葬る場合もあったと語られています。弱者は、家族や己の身を守るために生き延びる術を自ら見つけ出す手だてしかなかった時代もあったのです。

上手に生きる手だてが必要になったのは、江戸時代からでしょうか。日光東照宮の庇に彫刻されている〝見ざる、聞かざる、言わざる〟を表現している3匹の猿は、〝両目、両耳、口〟を両手で覆っており、語らずとも一目瞭然の教訓として、世に知らしめているのだとわかります。「長生きしたけりゃ、このようにしなさいよ」という生き方の方法なのでしょう。

他言をすれば何が起こるかもしれないと庶民に教えておけば、権力者たちはますます都合よく振る舞えることになります。例えば相手方を毒殺させても、病死であったと知らせることで、すべて事態は収まるのです。事実でないこともまことしやかに記録され、そのまま綴じられた書物が今日も残されていると聞いたことがあります。

また、家来たちが秀でたことをしても、権力者たちの名前で褒め称えられ、民衆からも拍手を送られるのが当たり前としていた時代もあったといわれていますが、日本だけではなく世界中のどこでも起きているそうです。とかく身分の低い者たちは、名も知られず葬り去られる時代があったのです。

戦国時代、形勢が慌ただしくなってきました。権力者を中心に集団の力が大きくなると、権力や土地の獲得競争が盛んになり、民たちは何が何だかわからないまま逃げまどうばかりです。最悪な事態は家に火が放たれ焼き尽くされ、村人たちは死ぬ道しかありません。領土の奪い合いだから、敗北した支配者は自害して果てるという惨めな最期です。その後は勝利した側の支配が始まることになっています。ところが下々の民百姓たちは、どんな大将なのか顔も名前も知らず、誰を信頼してよいかも定かでないまま、新しい権力者の元で、事を起こさず黙々と生きていくことが無難であると悟るのです。この状態が「見ざる、聞かざる、言わざる」の平穏な時代につながっているのでしょう。

やがて群雄割拠の時代は終わり、徳川家康が将軍の座に落ち着いたその時から、民百姓たちは、新しい環境の中で、比較的穏やかに暮らせる日々が多くなったのではないでしょうか。まとめられた江戸時代は、はっきりと全て線引きされた時代の始まりでした。富める者、貧しい者、そして身分の領域もがっちり決められる社会、世の中が静かになったとしても、徳川一族に牛耳られた平穏さといえるではないでしょうか。「余計なことは口にしない、見ても知らないふり、聞いても知らぬ存ぜず」の静けさではなかったでしょうか。

ここで話は令和の時代になります。

テレビ番組〝関口宏『もう一度！　近現代史』〟に興味を持ちました。ＢＳ6チャンネル、土曜12時から約1時間、映像とともに過去の歴史が分かりやすく語られます。ＭＣは関口宏さん。それに答えて説明されている方。一言一句滑らかに、頭の中に順序よくびっしり詰め込まれている歴史を穏やかに説明していく方のお名前は誰。歴史学者なのか、文学者あるいは評論家と予想を立てながら、毎週土曜日の12時が楽しみになりました。この方のお名前は後に必然的にはっきりしてきます。もう少し待ちましょう。『もう一度！　近現代史』の編で、「この時代が一番大切なように思われますね」と関口さんが口を聞けば、「そうですね」と穏やかに相槌を打ってから話は進行します。

明治・大正・昭和・平成とめざましく海外の文化を受け入れて発展していく国内の変貌、順調に勝利していく戦場の模様、時代の背景とともに映し出される場面に沿って、さらに詳しく解説されます。明治、大正時代でありながら鮮明に撮影され、保管されていたものが改めて映し出されているのです。日露戦争で勝利を得た旅順・大連あたりの映像でしょうか。

映像の取材班やカメラマンたちは、日露戦争頃には、すでに乱れやくもりがない鮮明な映像に撮れる技術があったと証明されています。戦場の場面は、遠方から撮っていたらカメラマンの命は心配が少なかったはずですが、最近の戦場のカメラマンは命がけです。自分の命も省みず、犠牲になっていくニュースを聞くたびに、言葉なく複雑な気持ちで、胸の中で手を合わせてしまいます。

令和2年3日25日の地方新聞（高知）の「理論」のコーナーに、私が楽しみにしていた方が写真とともに掲載されたではありませんか。映像で、MC関口さんと会話を交わしていた方と同じ顔でした。お名前がはっきりしました。「保坂正康」氏でした。歴史学者かとの予想ははずれて、ノンフィクション作家さんでした。

この日、新聞に掲載された記事に、「指導者の病と歴史の変容」と大きな見出しでした。

まずは令和の時代、世界中を震撼させた英国首相の様子でした。首相が新型コロナウイルスに感染し、かなり重症であると報道されました。幸いにも回復され仕事にも復帰したと知ったとき、保坂さんはいち早く国際社会の反応をすぐ感じとり、ユニークな分析をし過去の歴史と関連づけたのです。

「歴史が指導の病で変容することがある」と改めて世に知らしめたのです。私はここで「しまった」と思わずつぶやきました。ここに具体的な変容の形が抜けていたのです。

「英首相の元気な姿を見て国民は喜び信頼を高めた」と。

このようなことではなかったかと考えられましたが、その後、月日の流れとともに、英首相の自由奔放な政治の判断・実行に、世界中の目も英国民の声にも不信感は強くなっていったのです。ともあれ英国首相はさておき、保坂氏の話を続けます。日本の過去の歴史で、重要なポストにいた首相の例を挙げています。

近衛首相の痔疾では、「痔の痛みから、東条英機陸相に対米戦について強く戒めることができなかった」と。

もしできていたら、日本の戦況に対する姿勢も変わっていただろうと言っていると考えられます。

石橋湛山については、

「首相の身の引き方は、その時の社会の在り方を示している。医師団から2カ月の安静を言い渡されるほどの体調を崩し肝炎で無理が利かなくなり、潔く辞任した」とあります。

保坂さんの感想は、

「石橋さんは非常にリベラル派で、対中政策の柔軟性は、福祉医療への重点性、占領経済から全面脱却として非常に惜しまれている政策の持ち主であった。石橋内閣が65日間ではなく長く続いていたら、戦後政治も大きく変わっていただろうと予測されていた」とありますが、ここに筆者の残念さが窺えるのです。

さすがノンフィクション作家さんだと思います。国の頂点に立つ指導者と現実の社会の関連性に気づき、過去の歴史まで掘り下げて首相の姿勢を考察していく。現代の令和の時代をありがたく感じます。まだまだ話は続きます。すんなり書かれているから、無理なく理解できます。さらに、

「独裁国家では、独裁者が病に倒れても責任を逃れるために、差し障りのない状態や病名をつけて公表したのに対し、民主主義国家では先にも述べていたように、病がそのまま公表され、辞任を国民の前に説明されているので、国民は残念に思いながらも納得せざるをえなくなる。このような形で首相の座を後任に譲っていること

は、先駆的な役割を果たしたというべきであった」と。

ここが大事なところです。そして、

「近代日本の指導者たちが闘ってきた病との歴史、その折々の身の処し方をとおして、私たちは時代の本質を知ることが可能である」と結んでいます。

なるほどそうだったんですね、としっかり頭に刻み込みました。この歳になってなんとなく歴史を学ぶ楽しさが分かりました。教科書を飛び出して『もう一度!近現代史』や新聞紙で語ってくださった保坂氏の歴史の紐解き方を学んだからです。あっ、そうでした。大切なことを一つ忘れていました。

「3首相の例を、昭和前期のファシズム国家におけるテロやクーデターでの政権交代は、社会が病理現象を起こしているといっていいのではないか」と問いかけています。

これは私にとっては、少し難しい分析かもしれません。

近代に結成された政府及び閣僚たちは江戸時代以前からずっと支配権をもち、野望を抱き、金銭面にも恵まれており、全てに余裕のある人たちが多かったのではないでしょうか。弱者たちはこのような権力者には頭が上がらず、資本主義の社会は、そこそこ順調に形成されていったと思われます。明治になる頃まで線引きされた身分階級がはっきり続いたのです。身分が低く支配される者たちは、「言わざる、聞かざる、見ざると目をつむり」静かに生きていこうと努めましたが、決して愚かではありませんでした。たった一つしかない命を守るために、ぐっと我慢していただけです。

明治期に入ると、少しずつ外国への扉が開かれ、外国へ行く者、外国から入ってくる者たちの往来で、知識・文化・生活様式等いろいろな面でも改革が進んでいったのです。身分が低く虐げられていた者たちも次第に賢くなっていきます。転がり始めたボールはどんどん転がり、どんな方向に向かっているかも考えず、どんどん転がり続けました。近代になってからのことです。支配していた資本主義社会に指導者たちは、自国の狭い土地や資源の乏しさに気づくと、外国へ目を向け動き始めました。

それと同様、貧しく虐げられ自由を失いじっと耐えていた弱者たちも、隠していた賢い知識をそろりそろりと動かし始めました。思わず連想したことは、植物や昆虫たちも時間がくれば土の中から土を持ち上げ這い出したり、芽を出して地上で成長していくことをです。

人間たちも息をひそめるように静かに小さくなって生きてきたけれど、地上で自由に動き、自分の声で今までにない主張ができ始め、各々が自由な発想で生活ができるようになりました。中には声をペンに託して苦しい生活に喘いでいる人々の姿や働いても働いても楽にならない生活の模様を取り立てられるようにペンを走らせる人も現れました。

ところが鼻であしらうように扱ってきた使用人が次第に強くなり、団結して集団で動き出すと、権力者たちは今までにない恐ろしさを感じてきました。権力者たちは、団結の強さを押さえる方法を考え実行に移していきます。官僚たちは権力を強めるため、国外へも手を伸ばしいろんな策を練り、留まることを知りませんでした。

私はあまりにも知識が浅すぎていまさらながら残念でなりませんが、知らないで人生を終えるより、短時間でも学習のし直しができて幸いであったのです。ラッキーなことに相棒さんの本棚には、それらしき内容の本が並んでいることを改めて知ることになりました。いまさらながらありがたく感謝せずにおれません。その中に1冊、作家半藤一利氏の著者『昭和史』を読むことができました。ですが、それも必要なところだけのつまみ食いをしないと時間が足りなくなります。人生巻き戻しができませんから仕方ありません。ではこれからつまみ食いを始めます。

『昭和史』半藤一利著。昭和8年における日本の情勢や考え方を、詳しいけれど非常にわかりやすく紐解いています。殊に国際連盟の中の日本の姿勢を歯に衣を着せず、真実のありのままを読者の私に伝えてくれました。

時は中国の反日運動が激しくなっている時です。何が原因なのでしょう。厚い『昭和史』を何回も開いて読み返しです。

中国の反日運動の原因は何か。令和2年10月3日の『もう一度！　近現代史』のテレビ番組で放送されていました。日本が関わりながら、満洲国建設の計画が進められていたのです。その裏側で日本の考えている策略がなんであったか、言葉にベールを被せることなくさらりと語られていました。

その時の映像の1枚に、小林多喜二の拷問にまつわる本が提示されましたが、保坂さんはあまり語りたくない口調で、そそくさと「次へいきましょう」と関口さんを促していたように思えました。少し残念に伝わってきました。多喜二の残酷な死の姿を語れなかったのでしょう。

半藤一利著の中にも、多喜二の死亡が小さく書かれています。

昭和8年2月22日の朝日新聞に、隅のほうに小さく、『小林多喜二氏　築地で急逝　街頭連絡中逮捕』の記事が載っていて、プロレタリア文学の旗手といわれた小林多喜二が殺されたのが、ちょうどこの時でした。特別高等警察（特高）が猛威をふるっていたのです。

このような淋しいニュースが隅の方に記事となっているのとは反対に、7月22日の新聞を威勢よく賑わしていたのは、

「日本軍は撤退勧告案を最後まで認めようとしなかった国際連盟脱退が〝42対1〟で決まった。正式には2月24日国際連盟は総会で、日本軍の満洲撤退勧告を〝42対1〟で可決。反対は日本のみ。全権大使の松岡洋右は長い巻紙を読みながら威勢よく演説し「さよなら」と随員を総会の会場から引き連れて出て行った……」という内容の記事です。

眠りかけていた私の目がパッと見開きました。会場を出て行く場面を見るのは初めてでないことに気がついたのです。思い出しました。35歳の頃、白黒テレビの画

面でした。異様に静まり返った広い会場から、しかも外国の代表者ばかりの会場から、あまり背の高くない、いや外国人の中で見たからそう思えたのかもしれません。そんな男性がそっと立ち上がり、同時に数人の男たちも同じように、サッサと急ぎ足だけど、落ち着きはらって出て行った場面です。席に座ったままの人、人、人の目は沈黙のまま見送っていました。

見送られるこの方たちは日本の代表者、全権大使の松岡洋右氏と随員たちだったのです。その日は家の外では夏祭りで子どもたちの声が聞こえていましたが、私は親として祭りにも参加せず、テレビに夢中になっていました。なぜ子どもと一緒に祭りに行かなかったのか。かわいそうなことをしました。テレビでは、日本が国際連盟脱退が決定した瞬間だったではありませんか。でもその時は、国の一大事が始まった瞬間だったとは、露ほどもわかりませんでした。半藤氏の本に目を通すことで、過去の記憶がたまたま1本の歴史となって今よみがえったのです。

こんなことで感激している間にも、脱退後の話は続くのです。

「日本国内は全権大使たちをバンザイで迎え『新聞までも「いいぞ、いいぞ」と脱退に向けての国策を応援し盛り立てた記事だった』といいます」

こんな華やかで賑やかな記事の片隅に、小林多喜二の死が知らされたのです。しかも築地で急逝したのであり、暗殺でもなく拷問でもなかったのです。この時代をもう少しさかのぼって、日光の三猿のような風潮が強い時ならば、真実を知っても新聞の記事のように終わったでしょう。貧しい者たちばかりが苦しんでいます。これではいけない日本のあり方を考え直さねばと気がついた知識人たちは、語り合い学び合いをどうすればよいかを考えあぐねていたのです。

言葉が重なりますが、ここのところを強調します。

こんな華やかで賑やかな記事の片隅に、小林多喜二の死が知らされたのです。しかも築地で急逝したのであり、暗殺でも拷問でもなかったと書かれたのです。こんな誤報がまかり通る時代ばかりでした。それらを集結したのが日光東照宮に残されている三猿にちがいありません。でも「多喜二」の記事を読んだ国民の心の中は、江戸時代ではありません。

「真実ではない」とはっきり認め憤り、心の中では歯を食いしばり手を握りしめていたことでしょう。貧しい者たちばかりが苦しみ、虐げられている社会の在り方を直さねばと気がついた知識人や賢い人たちは、語り合い学び合い、どうすればよいかを考えあぐねていたのです。

そんな中、一番先に大きく犠牲になったのは多喜二の死であり、これを期に静かな憤りが小さな団結となり次第にふくらみ、立ち上がろうとする国民が多くなっていくのです。

昭和8年2月22日の多喜二急逝の新聞からすっかり話は脱線していましたが、再び同じ新聞で威勢よく賑わせていた記事に戻ります。

半藤一利氏の『昭和史』を読むチャンスを与えられたことに感謝せねばなりませんが、その前に本棚に本を並べてこの世を去っていった相棒さんに改めて頭を下げねばなりません。彼は一言も全く何も私に語ることはありませんでしたが、頭の中には歴史を通してどうあらねばならないかを、きちんと整理していたのではないでしょうか。敗戦後満鉄を引き揚げる船の中から予想すらできなかった郷里。帰ってからの貧しく苦しい生活を思い出しながら『昭和史』を読んだのでしょうか。反対に私は中学校時代からも勉強の深さが記憶によみがえってこない薄い味を舐めながら、改めてよい本を手にするのです。「満洲国建設」にまつわる話も、年を経た今、非常に鮮明に理解できるではありませんか。

テレビドラマで何回も放映された「ラストエンペラー」の悲劇の皇帝が誕生するまでの関東軍の裏工作は、半藤氏の『昭和史』を読むまで事実は知らぬままにドラマの表面的な流れだけを見ていました。関東軍の満洲国に迫る裏工作が不気味な形だったのかと知ることになったのです。

保坂氏や半藤氏たちは、戦争をとおして、日本の軍部がどう外国と関わり、どう変化していくかを肌で直に見たり感じたりして知識を積み上げているのだとよく分かります。感じ方は人それぞれでしょうが、半藤さんたちは、まっすぐな姿勢で無理なく歴史をまとめあげているのです。

日本の問題点を外国が許さなかったこともさらりと書かれています。

関東軍が意のままに、裏工作で表沙汰にならないように満洲国を動かそうと働いたのですが、それを見破り日本国の謀略を許さなかった人たちがいました。イギリスのリットン卿を団長としたリットン調査団です。一団の調査により問題は国連まで持ち込まれたのです。

こうした日本の一連の考え方に、外国から見れば問題点がよく見えるのでしょうか。太平洋戦争勃発の火種をおこしたり、不意打ちを食らったアメリカからも永久に許すことができないという目が、いつも日本に向けられていたのでしょう。世界の目が日本国をいつも監視していたと考えられます。

最後まで忠告を受け入れないために、アメリカも我慢しきれなくなって、最後の手段を下したことになります。広島と長崎に投下された原子爆弾として表現したと考えたくなります。このような残虐な教訓を投げつけられた日本国は莫大なる悲劇の始まりとなりました。

学習不足だった高齢の私の頭の中で、あっちこっちに散らばっていたわずかばかりの知識が、先駆者の事実を隠さない目を知ることによって私の頭にハプニングが起こり、つながり始めました。それは長い人生の中に忘れていた一部分の歴史の固まりをさぐり出し、1本の紐となってつながり、鮮明な流れとなっていくように見えてきたのです。爽やかな気分になりました。

どの本も半藤一利著の『昭和史』もつまみ食いではなく、最初から最後まで読み続けたい思いはいっぱいですが、人生の残された時間が足りなくなるので、ひとまずここで閉じることにします。

『昭和史』の帯紙に的確な言葉で提示してくださっている素晴らしい井上ひさし氏の紹介文です。

「これは疑いもなく一つの偉業でしょう。……今のわたしたちにも進むべき道を明らかに示しています。過去を究めてこそ未来が見えてくる　井上ひさし氏」

高知新聞の「現論」のコーナーに掲載されていた保坂正康氏の記事、『昭和史』の半藤一利氏の日本を語っている歴史等々、これ以上に優る語り部はいないといわれています。

これでようやく、小林多喜二はどのような時代に生まれ、どのような環境の中で成長していったのかが理解できるようになりました。

多喜二の家庭、親類の方も堅実に生活を営んでいたようです。優しい両親の元で、家族が助け合いながら、普通の穏やかな暮らしだったのです。多喜二はそんな家の窓から外を眺めてみれば、目を逸らすことができない世の生活を知ったのです。その日暮らしもままならず、娘や子どもたちを売らねばならない村人たちの生活です。貧しい人々が喘いでいたのです。

「これでは働いても働いても夢や希望は持てない。こんな暮らしを見捨てることはできない。なんとかもっと生活を豊かにしてやらねばならない。どうしたらよいのか」と次第に深く考えるようになり、模索する日が始まったのです。くる日もくる日も現実の貧しさを認識していくうち、まるで時代の落とし子であるかのような青年に成長せざるをえなかったと考えてしまいます。

父親は58歳で死去していますが、多喜二が銀行に勤務することになった頃なので、心置きなく多喜二に任せて旅立ったことでしょう。母親はセキさん。貧しい小作農家でした。明治6年秋田県生まれです。貧しさの中にどっぷりつかりながらも、人の心の温かさ優しさが誰彼に教えられなくても自然と身についた女性です。他人に不満や妬みを吐いたり、浅ましい愚痴をこぼしたりすることもなく、現実をそのまま見つめ受け入れ、自分の生きる道を坦々と生きてきた母親だと知ることができます。

明治時代は大きな戦争もなく平和だったのです。まずはおまわりさんの姿勢です。この頃のおまわりさんは、セキさんの村だけではなく日本中のおまわりさんが、村や村人を守り助けてくれるところがたくさんあったようです。田舎で育ち大人になりその子どもたちもまた、「日本中どこでもここでも、優しい親切な駐在さんでいっぱいなんだ」と信じてやまなかったようです。当時田舎では村の中を見守る唯一の公共人であり、安心して信頼できるおじさんだったのです。セキさんが４つか５つの頃の出来事を鮮明に覚えていました。駐在さんが村人をいつも優しく見つめ温かい心をもって接してくれていた姿を語るのも嬉しくてたまらなかったのです。食べ物にも事欠く生活の中で、頭をなでてくれたり、飴玉一つ口の中に入れてもらったりと、子どもには、貧乏の程は飴玉一つをなめることさえ、ままならなかったのです。

セキさんの向かい側に駐在所があったせいか、駐在のおじさんはセキさんを見かけると、「来い来い、オセキ」と孫を呼ぶようにかわいがってくれたとのことでした。

３つ４つのちんこい子どもが、赤ん坊をおんぶするわけだから下手をすると帯がずるずるゆるんで、赤ん坊を引きずりそうになる。そんなわたしに子どもをおんぶしなおしてくれたのも、あのひげの駐在さんだったそうです。

こんなにも人と人との間が温かかった日々が続いていました。

微笑ましい光景です。時代は明治の初め頃です。日本の北から東も西も南まで、田舎ではあちこちで見かける駐在さんの普通の姿だったのです。大人も子どもも駐在さんを信頼していたことになります。ですが時代とともに駐在さんがおまわりさんになり、さらに仕事内容が変化していきます。

外国に学んだので世の中は少しずつ近代化していきますが、貧富の差は改善されることなく、苦しい生活から抜け出ることはできない家がたくさんあったのです。大人や働ける年齢の子どもたちは、外に職を求めて働きに出たり、家に残された子どもたちは相変わらず子守りをさせられました。こんな貧しい生活の姿は、戦後焼け野原になって長く続いています。貧富の差がはっきりしたまま、戦後の生活は始まったことになります。

子守りの子どもたちは、数人が連れ立って学校へ行き、窓の下で勉強に参加しようとする。背中の子どもをゆすりながら先生の話を聞いたり、唱歌に耳を傾けたりしていました。子守りする子どもたちの精いっぱいの学習場所でした。ところが赤ん坊は泣き出してしまうものです。先生の中には「あっちさ行けっー、あっちさ行け」と窓から顔を出し、手を大きく振って追いたてたりする先生もいたそうです。教室では席にきちんと座って待っている子どもたちがいたようです。

きちんとした姿勢で先生を待っている子どもたちは、首を窓の方に向けて、子どもを背負って先生から注意を受けている同期生をじっと見つめていたはずです。この時子どもを背負ったまま先生から追い払われている光景を、どんな気持ちで見つめていたのでしょうか。

大いに驚きました。先生の姿や子どもたちに対する気配りは、令和の今の時代では考えられないようであったということをしっかり知ることになりました。

これは序の口でした。時は流れ、世界中が険悪な雰囲気に包まれ、さらに人の自由を奪っていく方向に突き進むにつれ、あんなに優しかった駐在さんの姿勢が、子どもたちの気持ちを振り捨てるかのように、徐々に冷たく怖いおまわりさんへと変化していくのです。

多喜二の母親セキさんが世に知られることになったのは、三浦綾子氏の著書『母』が出版されてからでしょうか。ところがベテランの作家もこの本を決して意気揚々と進んで書こうとしたのではなかったと知り、私は驚きました。やはり軽やかな気持ちで向き合える問題ではありませんでした。旦那さまの三浦氏に声をかけられた時から、著者の内でずっと悩み続けていたと語られています。にもかかわらず旦那さまは真剣に願っていたのです。

――多喜二の母は、息子を殺されて、正しく白黒をつけてくださる方がいるのか、いないのか。どんなにか切実にそのことを思ったのではないだろうか。その切なる思いを何とか書いてほしいと。――

旦那さまが著者に口火を切ってから10年以上が過ぎようとした頃、「多喜二の母は、受洗した人だそうだね」と再び旦那さまは著者に告げました。

著者は旦那さまのこの言葉から、多喜二の母との接点を見つけ、キリスト信者になった人のことなら、何とか書けるかもしれないと決心したそうです。

これだけではありませんでした。

そしてもう一つ著者の心を突き動かしたものは、多喜二の死の惨めさとキリストの死の惨めさに、共通の悲しみがあることでした。もし多喜二の母が、十字架から取りおろされたキリストの死体を描いた「ピエタ」を見たならば、必ずや大きな共感を抱くにちがいないと感じたそうです。

また、多喜二の母も決して理論家ではなかったであろうという点です。多喜二の母として、多喜二が属していた共産党という団体を多喜二を愛するが故に愛していたという立場なら、その立場に著者も立てるような気がしたようです。

著者は10年ほど悩み苦しみ決心できなかったのは、以上のような点に最後のギリギリまでこだわりを持ち続けていたからだと思われます。人を人として扱い平等でありたいと願っている人たち、貧困から脱け出て人間らしい生き方ができるようにと願い先に立って活動してきた人たちは知識人が多く、金持ちではなかったが、普通に生活ができていたかと思われます。

ところが無政府主義的に取り組もうとした人たちは、共産主義者の集まりとして、赤色のレッテルで呼ばれていました。

明治、大正時代も貧富の差にはっきり線が引かれていました。それだけで収まっていません。資本家やまだその上の大金持ち、独占企業形態に連なる財閥は、戦後になると共産主義者たちとみて、はっきり敵視し排斥し始めるのです。その裏で敗戦国となった日本を「日米安保条約」に組み込み、日本は米国の指導を受けることになります。当時はこのような仕組みで自由を奪われたかのように反撃していましたが、米国の代表として送り込まれたアイゼンハワーが、非常に日本国民を大切に扱い、ヨーロッパ式いえ米国式に考え行動に至るまで、規律を守りながら大らかに育てられてきたといえるのではないでしょうか。武士社会を中心に統一され、束縛された平和主義を払いのけ、新憲法も制定され、男女平等や解放的な生活、女性の地位も向上させるべき等々、今までの日本カラーから、明るく自由がきく社会へと大転換となっていたのです。

ところが自由を愛する国でありながら、共産主義的、自由で個性を発揮している者に対して、アメリカは自国でもしっかり赤狩りを行っていたことを知りました。これはテレビのニュースで観たことです。

有名な俳優さんたちの姿でした。中でもチャップリンは、日本で逮捕されたのです。逮捕された後、チャップリンの生活はどうだったのかは覚えていません。ただ何年か後、イギリスはチャップリンの演技に栄誉賞を与えています。アメリカの国内は赤狩りをし逮捕した者たちをどのように扱っていたかは私にはわかりません。報道されないだけかもしれません。そのせいか赤狩りの恐ろしさは全く伝わっていないのです。日本は反対に、残虐さこの上ないものと推察できます。

これはまた同じ事の繰り返しになるかもしれません。私自身の頭の整理をしているのです。まず冤罪もありました。一度目をつけられたら特高に追い回され、追い詰められ、逮捕され獄中に入れられ、それから地獄の日々が始まるのです。

裁判とは拷問に等しかったのでしょうか。信念を曲げず苦しみながら、転向に応じることもなく耐え続けた人たちに与えられたのは、最後に命を奪われる姿でした。理由は病に倒れたとか、自害したとか、差し障りのない死因を家族に伝えたり、あるいは闇に葬られたり、見殺しにされておしまいです。誰もが口に出して、これはおかしいと訴える者はいなかったのです。「見ざる、聞かざる、言わざる」の姿です。

昭和8年2月20日（朝日新聞に掲載されたのは2月21日）新聞の隅に気持ちぐらい小さく、「小林多喜二氏、築地で急逝、街頭連絡中、捕わる」の記事が載っています。プロレタリア文学の旗手といわれた小林多喜二が殺されたのがちょうどこの時でした。特高が猛威をふるっていたのです。

大勢いるなかで、多喜二だけが集中攻撃を浴びせられるのはなぜでしょう。小説『蟹工船』で全国に名前を馳せたため、国を牛耳っている大人たちはいち早く危険人物と決めたのです。国の支配者たちは、自分たちの方針を脅かす不届き者として容赦なく排除しようとしたのです。

その日、多喜二の母は、ぼた餅を作って待っていたそうですが、家に帰ることはなかったのです。隣人が持ってきてくれた夕刊を見て、初めて多喜二が死んだことを知ったといいます。

そして母セキさんは、前田病院から一緒に帰ってきた寝台自動車の中だったそうです。布団に寝かされた息子を見て、初めてわっと涙が噴き出したのは、当然のことです。

布団に横たわる多喜二の変わりはてた遺体を見て、ズボンを脱がせた時、知人や友人たちは悲鳴を上げ、ものも言えなかったそうです。

・足はぶすぶす千枚通しで刺された様子
・指はぶらんとするほど、折れた様子
・下っ腹から両膝まで、黒と赤インクでもまぜて塗ったかと思うほどの恐ろしい色
・いつもの多喜二の足の2倍にもふくらんでいた

・釘か針かを刺したと思われる
・首や手足にロープで思いっきり縛りつけた跡
母セキさんは気絶するどころか、

「ほれっー、多喜二！　もう一度立って見せねか！　みんなのために、もう一度立って見せねか！」と叫ぶ。

母親は強しです。

セキさんは、息子の変わり果てた悲惨な姿にいつしか理解し、誇りさえ抱くようになっていたのです。

ところが、通夜や葬式に集まった人たちは、ほとんど警察に引っぱられ、豚箱にも入れられる事態だったそうです。

「けどなあ、ラジオでも新聞でも、死因は心臓マヒって発表されたけど、あれだけは嘘だ。あれだけ内出血起こせば、腹ん中だって、胸ん中だって血だらけだべ。どうしたわけか、どこの医者も解剖してくれんかったんだって。もし心臓マヒでなければ、誰かが殺したっていうことになるわけだからなあ」と母親だけじゃなく誰の目にもその残虐さが見て取れました。

こんなことがまかり通る時代だったのです。

世界のどこかしこ、真実に目を向けメスを入れる人がいたとすれば、その人もまた弾圧を受けて殺され闇に葬られる運命になるはずです。権力者が都合よく何をしてもまかり通る社会の中でも、母親の目だけはごまかすことはできませんでした。大切に育て、厳しい時代を一緒に生きてきた息子に何が起こったのか見過ごすことはできません。どんなに変わり果てた姿であっても、真実を見抜く力を失うことはありませんでした。でもこの実状を訴えてもどこが受け止めてくれたでしょう。訴えた方はきっと身を危険にさらすことになるでしょう。

ここでもう一度、大正時代、昭和の時代の小林家を覗かせてもらいます。優しい駐在さんが、村人一人一人を温かく援助してくれていた時代です。

父親は58歳で死去していますが、子どもたちの成長をしっかり見届けた後ですから、安心してセキさんに託したことでしょう。

多喜二は銀行に就職し、姉も銀行員と結ばれ、経済的にも余裕ができた頃です。多喜二は長男として、父に代わって家族皆の幸せを願っていたことがよくわかります。弟にはバイオリンを買ってやり、良い先生の元に練習にも行かせています。兄として弟への期待も大きかったことでしょう。弟三吾の力はぐんぐん上達し、後に第一奏者にもなり、多喜二も大いに喜び、演奏会にも行き拍手を送って満足していたとのことです。ところで兄が逮捕され監獄に入れられたと知った時は、表現のしようがないほどの驚きではなかったでしょうか。

バイオリニストに育て上げてくれた兄に、弟の三吾はできるだけのことはしていたと語られています。三吾だけではありません。家族たちは優しい心遣いの長男を囲み言葉にはなりませんが、憤りや悲しみに耐えていました。

「こんなに優しい長男が、今はこわい警察に逮捕され、しかも死体となって帰されるとは」

悪いことは何もしてないと信じていました。かえって貧しい生活の人を何とか救ってやりたい気持ちでいっぱいだったのです。こんな善意がどうして悪いことなのか、とそのことが理解できないでいました。今は亡き伯父さんも優秀で活躍できる多喜二を誇りにさえ思っていたのに、と無言のまま思い出していました。

ですが多喜二は、別のことを考えていました。多喜二にも結婚してもいいなあと思える女性が現れましたが、願望どおりの話にはなりません。女性も賢い人だったのでしょう。女性からすれば、有名になった人と一緒に暮らすことのできない厚い壁を感じていたと思います。多喜二の母も弟や妹たちも二人を祝福していましたが、ある日突然女性は小林家から姿を消したのです。優しい小林家の親切を受け入れかねたのはなんだったのでしょうか。母セキさんはわかっていたのでしょうか。

「多喜二がどれほど極悪人だからと言って、捕らえていきなり竹刀で殴ったり、千枚通しでめったやたらに刺し通して殺していいものか。警察は裁判にもかけないでいきなり殺してもいいのか。こんな場合、警察のしたことは人殺しということにはならないのか。法律がどういうものか知らないけど、警察が悪いと見たら誰でも彼でも殺していいとは何としても考えられない」

とセキさんが語るシーンがあります。

弟三吾さんは、多喜二のむごたらしい死にざまを見てほとぼりが冷めるまでまるで幽霊を見ているような母の姿が悲しさを越え無気味な光景だったそうです。と語ったのです。

真夜中に布団の上に起き上がると、何やらぶつぶつ喋っている。「どうしたらいいべ」とか「かわいそうになあ、多喜二」とか。

昼でもどこを見ているかわからない目付きで、急に涙をぽろぽろこぼしたり、時々風呂に入って自分の胸がよくも二つに割れていないもんだと眺めたことが何度もあったそうです。

母親セキさんは、気持ちのやり場を失いかけながらも、時とともに一回りも二回りも大きく強い母親に変わっていったと語られています。

戦争が終わって、十何年も経つと、この共産党員を牢屋にぶちこめなんていう人はどこにもいません。党員になっている人もたくさんいます。

しかし、昭和8年の頃は、この党といえばまるで火付けか強盗みたいにみんな嫌がられたのです。

過ぎ去った過去を客観的に思い出し、静かにつぶやく日は訪れたのです。セキさんのそうした気持ちを理解して、著者も悲しみや怒りを吐き出したり喚き散らしたりという表現はできなかったのでしょう。耐え難い屈辱にも耐え、忍び難きを忍んで生きてきたすべてを内部にしまった穏やかな表現が伝わってくるのです。著者自身クリスチャンであったようで、著者の内部に秘めている筆使いの味わいかもしれません。

それにしても多喜二の残虐な傷だらけの死体をまともに目にした家族でさえ「こんなありさまを事実でない死因でごまかし、絶対に間違ってるしおかしいではないか」と叫びたいところでしょうが、それができなかったのです。家族であっても間違いを訴えると、直ちに逮捕されたでしょう。冤罪がまかり通る時代でした。

胸を張って多喜二の家族であると言えなかったといいます。世の中の人の目が、悪者の一族だと見るようになっていたのです。

こんな暗い悲しい時代の歴史を知り尽くし、くぐり抜けた暁に著者（三浦綾子氏）はようやく、旦那さまの希望を受け入れる決心がついたのです。

多喜二の母は、息子を殺されて正しく白黒をつけてくださる方がいないのか、どんなに切実にそのことを思ったのではないだろうか。その切なる思いを何とか書いてほしいと旦那さまは真剣でした。

旦那さまは戸惑う著者に、決意を固めるもう一つの声をかけたのです。

「多喜二の母は、受洗した人だそうだね」

著者の戸惑う気持ちは、この時点ですっかり消えていたのです。

「多喜二の死の惨めさに、共通の悲しみがあった」とようやく著者が探し求めていた接点が著者に向かって光を放ったのです。

――多喜二の母が、十字架から取りおろされたキリストの死体を描いた「ピエタ」を見たならば、必ずや大きな共感を抱いたにちがいない。

さらに言えば、私の共産主義に対する理解は低かったが、この母も決して理論家ではなかったということでした。――

こんな他人事とは思えない共通点を知りながら、決して母親セキさんになりきって優しく温かく書くつもりはなく、

多喜二の家庭が、あまりにも明るく、あまりにも優しさに満ちていたことから、そのままの感情や時代があふれており、著者は多喜二の家庭の明るさが、心の中まで引き込まれていってそのまま本になったのです。

さすがです。こうして出来上がった作品に著者自身納得し満足するのですが、著者を見守っていた旦那さまもさぞかし満足されたことでしょう。

私の胸には、安堵感と嬉しさが静かに伝わってきます。

さてここで、一読者が今さらながら何を感じて、それらしく語ることがあろうか

と思うばかりです。ですが作者の素晴らしさをここに再現させていただくことで、誰にもできるものではないことを確認させていただきました。

ようやくこれでおしまいにしようとくつろいでいた時、不思議なめぐり合わせでかわいい漫画を見つけたのです。ある日ある売店の前を通りかかった時、まるで神様がここで待っていますよ、早く買って、早く読みなさいと教えているように見えました。通りすがりでもよく見えるように工夫されているからです。ポケット本でした。一つの棚に1冊ずつ、まるで今の時期、感染を防ぐために一人ずつ離して座る形で内容の異なる4冊ほどが並べてあり、通路に近い一番手前だったもので、パッと目に飛び込んだ『蟹工船』の表題が行き過ぎようとしていた足をとめたのです。私は悪しきにつけ良きにつけ、たまたまの偶然に随分助けられているなあと感謝していました。これまで一度も『蟹工船』の本も読んだことはなく、昔の社会科の教科書をたどると『蟹工船』小林多喜二のタイトルだけが浮かんでくるだけです。その時代の先生も、それ以上詳しく指導していただいた記憶はありません。私の場合に限ってのことです。

レジの方が「包みますか」と言っている声に、私の中でなぜか少し迷っている気持ちがありました。「はい、お願いします」と返事しています。その必要はないと思いながらそう言っているのです。

約15×10のかわいいマンガでした。ベンチに座り、ゆっくりと少し恐る恐る表紙を開けました。白黒で力強いタッチの顔、表情が実にはっきり表現されています。セリフは必要な部分だけ。めくるページは簡単明瞭で、大きく絵ばかり。文字はなくかえって豊かな表情で内容がよく理解できます。目、口、手のすべての表情が生き生きとリアルに訴えてくるものだから、思わず見つめてしまいます。何を言いたいのか、心の中まで染み込んできます。１ページ１ページ小さな本から迫力が飛び出し圧倒されます。

短い時間でほとんど読み終わります。大切な箇所のつまみ食いをしなくても、残りの人生の計算をしなくてもよいし、ちょうど手頃な本になると気づきました。この小さな『蟹工船』から小林多喜二が訴えたいことがリアルに表現されていることに感嘆です。原作者小林多喜二の名前が一気に世に広がり、あっという間もなく残虐な姿で家に戻って来るという。若くして命を失った多喜二が生き生きとよみがえった気分です。

お恥ずかしいことに、物語の内容を知らない私は真っ白い頭に迫力あるタッチの静止画像が今にも飛び出してきそうな表情や動作です。

船員たちの苦しそうな顔。飲まず食わずで骨皮になっている姿。動けなくなって倒れている上から叩かれ、足蹴りされ、歯を喰いしばって寒さに耐え安い賃金を得るために必死ではい上がろうとする姿。言葉や叫び声がなくてもひしひしと伝わってくるのです。

支配者たちは権力を振り回してまるで動物を扱うように働かせていたのです。
・企画、編集バラエティ・アートワークス
・発行所　株式会社イースト・プレス社
が自信を持ってお薦めしているように、読み終わって感じることは、たった一杯のご飯でお腹が満腹になった気分でした。

さすがまるで動物を扱うように働かせる支配者は、浅川監督をスパイ的存在として送り込み、労働者を見張らせながら、浅川もまた会社側から見張られる存在でした。それに気がつくのは最後のドンデン返しでした。浅川も労働者に対して、あまりにもひどい扱い方に気持ちがゆさぶられる思いをしながら、自分の立場から労働者に気をゆるめることはできなかったのです。その結果はこうでした。

・会社は一文銭も与えずに浅川を捨て！……（ざまあみろだが）

・「ちくしょうダマされた」と浅川は叫んだらしい

・帝国海軍も、しょせんは資本家たちの下僕だったのだ!!

外国の労働者や帝国海軍にも仲介してもらいながら、残虐な扱いから脱け出すには団結しかないことに目覚めていくのです。

・組織ができ、闘争へと成長していく

・ストライキが失敗。ストライキなんてやるべきではなかった？

・労働者に最初から勝ち目などなかった……人数が足りないことに気づく。

・次はみんなで力を合わせてやらないといけない……捕まった奴らに申し訳が立たない

ストライキに失敗した。

・徒らなる暴動は勇敢なる水兵に鎮圧され、代表の９人は駆逐艦へ送られた……

・二度目のストライキは成功

・「組織」「闘争」という貴重な経験が残された
・皮肉にもそれを教えてくれたのは、資本家側だった
労働者たちはこのようにして自信を持ち力強く鍛えられ、拡大していったのです。ストライキが始まり、メーデーが動き出し、賃上げ闘争が始まり小作料が高いなどと訴える声が叫ばれます。つぎつぎと村にも町にも団結の輪が広がり、やがて組合結成へと形成されるのです。

ですが、数十年後に再び組合活動等に圧力がかけられ、活発な運動ができなくなる時代がやってくるとは夢にも考えなかったことでしょう。それまでは、ただ豊かな生活を勝ち取る希望だけで湧き上がっていたのかもしれません。生き生きと目を輝かせている表情が見えるようです。

大きな渦に巻き込まれ、海底に飲み込まれながらも、貧しさから抜け出る道を探り続けてきた先駆者の皆さんを「勇気ある方々」と命名しても足りないくらいです。

資本主義に浸りながら、意気揚々と胸を張って鞭を鳴らしてきた大臣たちは、労働者が賢くなり改革が起こることを恐れ、弾圧を企て始めます。特高を組織し、逮捕し、たくさんの犠牲者を出したのです。

でも素晴らしいことが再び始まるのです。国民もへこたれてはいませんでした。人間の命を粗末に考えている社会から、再び立ち上がり団結した暁に、今までとは全く違った世の中に変わってきたのです。

一人一人が尊重され、声を出して主張し、足を上げ手を振って歩けるようになった民主主義の時代です。こうなるにはたくさんの犠牲者がいたことを忘れてはならないとしっかり考えさせられます。今は平和な日々が当たり前になりました。多喜二をはじめとする多くの犠牲者たちはどんな思いで見つめているでしょうか。

三浦綾子著の『母』では、暗い闇の中に浮かぶ厚い壁にメスを入れ突破口を切り開く勇気を与えたのが『蟹工船』であり、一躍有名になった作者が「小林多喜二」でした。

プロレタリア文学の旗手と注目されるようになったため、特高の光る目は集中的に多喜二を追い詰めたのです。取り調べるのではなく、監獄で拷問を繰り返し死に至らしめたのです。それを病死だとされても、大して問題視もせず、半信半疑に思った国民も繁雑多忙な毎日と共にいつの間にか何事もなかったかのように忘れ去ってしまったのです。

ですが肉親や友人たちの目をごまかすことはできませんでした。殊に息子が悪いことをしてきたのではないと信じる母親の目は、事実を見透かしていました。この母親が見透かしてきた真実を著者の夫である三浦氏もまた見抜いていたからこそ、著者である綾子に、多喜二の母親に代わって、すべての真実を明らかにしてほしいと依頼したのです。

著者の三浦綾子氏も旦那さまも、出来上がった『母』に満足されているお二人です。難問でありながら、穏やかに語り、穏やかに真実を掘り下げ、静かにたくさんの事を教えていただきました。

この日本にこんなに人間らしさを求めている作品が残されている喜びがじんわりと静かに湧いてきます。たくさんいるファンの中の一人、私はこの本を自分なりの目標として、静かにそして穏やかに生きていけますよう胸にしまっておくつもりです。

天網恢恢疎にして漏らさず

天網恢恢疎にして漏らさず

骨折した足の痛みが和らぎ出して、少しだけ歩く自信がついてきた頃です。退職して25年ぐらいになっていました。歴史の中に埋もれたままの先祖の話も掘り起こし、なんとなくまとまって、ようやく1冊の本『絆は永遠に』が出来上がりました。佐木隆三氏の『小説 大逆事件』が世に出ているのを知ったのはその頃でした。その頃はなんとなく買っておこうと思いたって、すぐ購入したまま目を通すこともなく月日は流れていたのです。じゃその間は何をしていたかと思い出してみると、いろいろでした。

九州の戸次川へ行ったり、県内で資料があると聞けば、そこを訪ねて説明を聞かせてもらったり、資料集めに明け暮れしていたのです。

そうこうしているうち、未知の事を探索するのも生きている喜びだと知りました。

こんなこともありました。

地元の歴史に詳しい市議会議員のお宅をお伺いした時、ひょいと『『冤罪事件』なんかに関心はないか」と問われました。ただそれだけ、詳しい内容は何もありませんでした。ですが地元の歴史を語ってくださったあとで、寛いだ姿勢でした。議員さんは「この問題に長い間『無罪』であると信念を持ち続けてきた。それをたくさんの人に伝えたい。事あるごとに広め続けているのだ」とつぶやくように語っておられました。

議員さんがこんな話をしているとき、私の頭の中は何を考えていたのでしょう。私のこの問題に関する知識は、教科書の片隅にまとめられていたことしか記憶に残っていません。その上この問題を受け入れる余裕はありませんでした。だから「この話に関心はありませんか」と聞かれた時、思わず即座に「ありません」と返事しています。それにもかかわらず、議員さんは会議のあとで出口に座り込んで「他の議員さんたちに『冤罪』を訴えてきましたよ」と静かな口調で話されました。

私は今になって深く考えています。あの時はとても申し訳ないことをして、お断りするにももっと別の言葉があったはずです。なのに言葉が出ませんでした。すでに過去の話になっているのに、どうしようもなく苦しい反省は消えることはありません。

これは決して言い訳ではありません。余裕のない頭から咄嗟に出た言葉でした。その時点では正直な気持ちでした。埋もれている先祖たちの生きざまがどこをどうやって探っていけばよいか、頭の中はこのことでいっぱいだったのです。ですがこんな返事しかできなかった私に嫌な顔もせず、批判することもなく丁寧に最後まで地元の歴史を語ってくださったのです。おかげさまで後の遺跡探しへと繋がっていきました。

それからどれくらいの月日が過ぎていたのでしょう。私の足もだいぶよくなった頃です。兄嫁は勤務の都合で行けず、仕方なく兄と二人で議員さんが語ってくださった道をたどり、そして模索しながら山城の跡に登りました。生い繁った木々の透き間に朝の光がうっすらと差し込んでいます。立ち止まって、先祖たちが生活をしていたであろう遠い遠い歴史の彼方に思いを巡らせてみました。しんと静まっています。

まだまだ無理がきかない足を庇って、私はつっ立ったまま、兄が長い柄の鎌を無造作に振り回す様に見とれていました。無造作に振り下ろすたびに、雑草や雑木がバサッバサッと倒れていきます。少しずつ倒れていくたびに光が差し込んでくるのです。

それから10年ほど経ったでしょうか。ようやく『絆は永遠に』が出来上がりました。「平成26年7月」と印刷所が日付けを入れてくれました。佐木隆三氏の『小説 大逆事件』の末尾には、２０００年11月24日と記入されていました。

ここで私はまた、新しい驚きに出くわしたのです。佐木隆三氏が問題を追求していく姿勢にです。隆三氏は参考にしていた文献を調べるにつけ、「幸徳秋水たちは冤罪である」を認めていくのです。それればかりではありません。同じ問題を同じ考えであると認めている知識人たちがたくさん存在していることを証明していたのです。

私の胸の中はなぜかほっとしたと同時に、明るい希望がふくらんできたのです。とにかく佐木隆三氏は、たくさんの文献を一つ一つ事細かにじっくりと調べ上げたことがよくわかりました。

何も知識を持たない私にとって、何が語れるのでしょうか。厚い壁にぶつかり、呆然とし、さてこれから短い時間で即席の知識を得ることでいいのだろうかと迷いました。

そうかといってここで投げ出してしまうのは、議員さんにも申し訳なく思うばかりです。なんとしてでも私なりの努力を始めなければならないと決めました。さてどうすればよいか思案するうち、思いついたのは、佐木隆三氏の『小説 大逆事件』を大辞典として、参考にさせていただくことでした。

自分勝手に大それたことを決めてはみましたが、私の人生も終活期に入っていることを軽視できません。素直に向き合わねばなりません。『小説 大逆事件』の402ページという厚い本を最初から最後までぎちぎち読んでいたらとても時間が足りなくなりそうです。自信を失いパラパラとめくりながら、やっぱり大事なとこのつまみ食いをしなきゃとふらふらしていました。〝あとがき〟に戻ったり、中のページに入ったり迷っている時、不思議にもパッと目が留まった箇所がありました。

24人に死刑を宣告した判決と電光石火の死刑執行にショックを受けたという石川啄木の思いでした。

厳正な裁判では無罪になるべき性質のものであったにもかかわらず、政府およびその命を受けた裁判官は一丸となり、国内における無政府主義者を一挙に撲滅する努力をしてついに無法に成功した。

そして、この事件に関する一切の知識から判断して、やはり正確であると信じているという記述です。

私の目は、いつの間にか文字を追いかけていました。

処刑の1番目は、秋水でした。事の成り行きで責任を感じており、迷うこともなく立ち上がったのです。

2番目、3番目と一人一人の刑場に行く時の心情が事細かに記されていました。絶命は何分だったとかまで詳細に描写されていました。

本を読んでも湿っぽくなることは今まであまりなかったのに、この場面を読んでいくうちに、これほど淋しく悲しく、体の力まで抜けて、ひとりでに首が垂れてしまうほど残念な気持ちになったのは初めてでした。私の時間は真夜中でしーんと静まり返っており、小さなスタンドの明りがよけいに湿っぽさを誘うのでしょうか。胸はドキンドキンとうずき、ますます目の奥がしっとりとしてきます。

この時ガチャン、ガチャンと家に向かって投げつける音がしたのです。私は静まり返った中で目が潤み悲しくなる時でしたから、一瞬震え上がり、飛び上がらんばかりにびっくりしましたが、それはほんの一瞬でした。その後は、ただただ涙を流しながら秋水さんの想いに引き込まれていきました。

この奇妙な行動は今に始まったのではありません。訳ありで今説明できる状況ではありません。女性の複雑な入り交じった感情を表現しているとしか考えられません。

この問題はこれから先、いつの日かに表沙汰にする日がやってくると予想しています。それまでは無言で様子を見ながら保存しておくのがいいと自分に問いかけているところです。

この時思い出したことがあります。話は変わりますが涙が止まらなくなった場面は同じです。それは中国のドラマ「如懿伝《にょいでん》」を見ていた時のことです。元皇后の如懿さんは、自ら王様に背き自ら皇后の身分を放棄しました。病弱な如懿さんはそれから何年か後、生命の最後を迎える時がきたのです。ただ一人の使用人をも側から去らせ、自由な身分にさせたのでしょうか。それから如懿さんはたった一人で静けさの中に身をゆだねました。静かで美しい夜景に包まれ生涯を終えたのです。

如懿さんは王様の手をはねのけ、自らの信念を貫きとおしました。

こんな場面を見ている私の側に娘の目がありましたが、私はそれを気にするどころではありません。流れ落ちる涙や鼻水も止めることができず、しばらくそのままの状態でした。

要するに王宮で、信念を曲げなかった強い一人の女性の汚れない姿に感動していたのかもしれません。さてだいぶ涙を流しましたから、ここらへんで改めて佐木隆三氏の本に戻ることにします。

私にとって終活期に入っている人生最後の学習です。読まなきゃいけない本でも時間が足りません。残念ながら、良いとこ取りのつまみ食いの流し読みになっても仕方ないと甘く考えていました。ところが問題が重く大きすぎます。こんな姿勢じゃとても向き合うことはできないと反省させられました。

著者が書き直してでも真実を書くべきだという信念と謙虚な姿勢に、改めて信頼感を得たのです。

ふと思い出すこともいろいろ度々あります。今度はある記憶が浮かんできたのです。いつの頃からか新聞の切り抜きをしていたことをです。切り取った部分はバラバラの状態で、でも気にせず青色のビニール袋に入れ棚の隅に置き去りにしたままでした。それをすっかり忘れるほど昔のことでした。「高知新聞」の学芸欄のコーナーに掲載されていた『美しき座標』でした。なぜか見過ごすこともせず、無意識にハサミを入れていたのです。目を通すこともせず、3枚、10枚、50枚と集まるばかりです。

ところがつい最近、1月に入ってから（2023年）、藁をもすがる思いでまじめに読み始めたのです。するとこれは見逃せない記事ではあるまいかと次第に目が離せなくなりました。間違いありません。ただ今まで気がつくのが遅すぎたのです。次第に早く読まなきゃ次の段階に進めなくなるよ、と止めることができなくなり読み続けました。

明治時代の世相を知り、理解するのに大切なニュースになりましたが、なかなか文章に馴染めず、声を上げて読んでみたり、すぐ眠気がきて中断してみたり、読み終えるまで何日もかかりました。

読者に懇切丁寧に配慮しているにもかかわらず、悪戦苦闘の日々でした。

ようやく読み終えた時はほっとしました。枚数をまとめてみると90枚でした。

第1部があり、2部があり、3部があり、4部があり、5部があり、6部があり

……

順序はバラバラであり、どの部に何枚あるかわかりませんが、これで十分です。明治の初めから中江兆民が亡くなるまでの世相は理解できます。記事自体が非常に具体的で鮮明に描かれていて、その時代に生活する姿を見ているようでした。

まずは全体の感想をまとめてみます。

時代は幸徳秋水がまだ若く、中江兆民を師と仰いでいた頃です。

平民社が設立され、新聞が発行されます。そして、人としての自由がある、上下関係はあってはならない、平等であるべきだと目覚めていくのです。こんな嬉しい社会を求めて学習していく人の数がどんどん多くなっていく時代でした。次々と新聞を発行し輪を広げていこうとする人たちが、陰日向に活躍し始めていました。民

衆の活発な動きを黙ってないのは政府です。黙認できない物を見つけるとすぐ発禁です。ですが発行する方もへこたれてはいません。動き出した歯車は止まることを知りません。世相は猫と鼠の追いかけっこをしている騒がしさに思えました。目を光らせ活動家の動きを見張っていた政府の側は、次第に圧力をかけ責任者を逮捕し拘留し始めました。そう言っても新聞による抵抗運動だったからでしょうか。刑期が終わると釈放となっています。

この形の繰り返しで、平民社の新聞の発行は絶えることなく、拘留されても凝りもせず、逮捕と釈放を受け入れ頑張り続けていたのです。『美しき座標』を読むだけで、明治の初めから兆民が亡くなるまでの世相は十分理解できますし、２０２３年の現代の整備された生活状態の違いがよく見えて、興味深く読むことができました。

◎八の字眉の困り顔

太字で書かれたタイトルに引き込まれ、すぐに読むか読まないかを決めたことでした。

明治21年7月半ば、魚梁瀬村の唯次に誘われて行ったのはいいものの、船に乗れば日焼けし、木賃宿に泊まればノミとシラミにやられたり、山越えしたり奈半利まで大変な苦労ばかりのアメゴを求める旅だったと書かれています。

原稿の形がだいぶ見えた頃、新聞の切り抜きを持って楽しみながら、娘の運転で魚梁瀬村に向かいました。1995年7月の写真に写っている除幕式の石碑を見たくて、ひたすら車を走らせてもらいました。

1995年の困難な状態が頭の中にありましたから、まずは2023年の環境にいる実感に言葉もありません。道路がきれいに整備され、道中の狭さも不安もなく安心させられました。ヘリコプターが降りてこれる避難場所も確保されて、安全性を大切にしている山深い村でした。

運転する娘もきれいな空気と両側に立ち並ぶ高い小立の裾を「私は運転が好きなんだ」と声を弾ませながら無事到着です。

レストランに入り食事を取りながら、目標にしている石碑はどこにあるのかとキョロキョロ探しましたが見当たりません。お店の方は移住して月日が浅く、客から尋ねられてもわからないのは当然のこと。でも親身になってあちこちに問い合わせてくださり、確かな情報を得ることができました。驚きました。レストランの窓からでも見えるすぐそばに建立されていました。

外に出て目の前で眺めると、赤銅色が色褪せて薄くなっていましたが、とても素敵な石碑でした。現代では見られない、明治時代だからこそ発見された、何とも表現できない素晴らしい自然石なのかもしれません。でこぼこの面をぬうように［中江兆民曽遊之地］と刻まれていました。

ちょうどお店に来られた女性のお客さんと話ができました。この除幕式に出席していた方でした。出席者の中にいてただ無言で列席して眺めていたとのことでした。深い山の風景ときちんと整備された環境に再び清々しい気分に包まれて山を下りました。そういえば1月でした。太陽が当らない道路脇に、土によごれた雪が高く積み上げられていました。1カ所、2カ所、いや3カ所ぐらい。雪の日は全体が銀世界に包まれるのでしょうか。

車の運転は娘に任せてほっとした気持ちになった頃、まじめに考えてしまいました。無政府主義者が次第に活発に主張し始めた頃です。世の中も騒々しくなっています。そんな中で中江兆民さんのような穏やかな方も平民社を巡る人々の中におられたのかと信じがたいことです。嬉しい笑顔がにやっと浮かんできそうです。兆民さんを迎え入れた地元の皆様にも幸せを残したのかもしれません。

◎風来坊の長っ尻

幸徳秋水の妻である千代の手記『風々雨々─幸徳秋水と周囲の人々』は、田中正造の印象（田中だけではなく夫を取り巻くいろいろな方の印象）を感じたとおりに表現し、細やかな心配りや接している姿から、優しくもてなしている内面が伝わってくる箇所がたくさんありました。ほっとしました。

なぜかと申しますと、秋水が千代の姉に当たる管野スガと一緒に暮らしたり、管野スガは秋水が行動派でないという理由から離れてしまう状況が気になっていたのです。妹の千代は秋水から思想の違いから離婚されたとなっていますが、この『美しき座標』から「千代の心の中を知ることができて、少しだけ安心した」というところでしょうか。また秋水も千代を嫌って別れたとは思えないことがわかりました。秋水も身の回りの事を細かに頼っていたようですし、千代も姉の分も一緒にせっせと差し入れにいそしんでいたといいます。ましてやよそさまの夫婦や恋人たちの誠の心を探ることはできません。そのうえ、高い塀や檻の外からは見えない中のことを語ることは誰もできません。いろんな噂話を飛び交わし、尾ひれをつけて適当に広がっていたのかもしれません。真実は何も知らないままに。噂だけが。

ともあれ、明治の初めから兆民が亡くなるまで、千代は妻として夫、秋水へ尽くしており、そんな優しさがこの『美しき座標』により真実の姿として書き残されていたと信じて、心より良かったと思いました。

◎検事の前で大あくび

田中正造はすべてをまとめて、国会で怒りの「亡国演説」を行ったとあります。「民を殺すは国家を殺すなり。法をないがしろにするは、国をないがしろにするなり。皆自ら国を壊してしまうなり。財産を乱用し民を殺し法を乱して滅びなかった国はなし」

鉱毒被害者たちを凶徒とし、治安警察法違反を犯したという検事の論告に傍聴中の正造は耐えられなかったのです。この論告に耐えられなかった気持ちが、「大あくび」のように見られる表現をしたように書かれています。

この「大あくび」が大事件となり「田中正造官吏侮辱事件」として判事検事裁判書記職務に対し約40日の重禁錮刑となっています。

「おかしな兆民先生」が、身なりなど全く気にならない姿で活躍しているのかと思えば、もう一人極端に目立つ姿で、己の主義を堂々と主張している方がいました。田中正造その人でした。「とっちんの愛」として、秋水の妻の千代が手記に書き留めていたのです。『風々雨々―幸徳秋水と周囲の人々』

ひげもじゃで愛嬌のある丸顔。服装はいつも同じぼた餅紋の黒木綿の羽織に黒いはかま。後ろに束ねて結んだ髪は一見ちょんまげのようで、時代錯誤な感じがしてどこか「ぢぢむさい」ところがあった。その「とっちんの愛」が、足尾銅山の鉱毒被害者たちの生きざまに向き合ったのです。その様子は明治30年3月2日、栃木県の下野新聞に詳しく掲載されていたと『美しき座標』に掲載されています。

平民社を巡る人々のど根性を代表してか、皆の感情を背負った田中正造の怒りが風船のようにふくらみ、破裂するまでを抜粋させていただきます。今までもですが、そうするには、どうしても『美しき座標』をお借りせねばなりません。

「農民たちは政府に直訴に行った。最初は明治30年3月2日。態度は落ち着き、知的で思慮深い人が少なくなかった。面談を求める話は分かりやすく筋が通っていたという。貴族院議長や農商務大臣らに面会を求め、きちんと対応を得られるまでは動かないと、廊下に毛布を敷いて寝始めるなど強い意志も示した」

直訴のことを押し出すとあります。

3回目の押し出しは翌年の9月。東京淵江村の神社境内で、夜通し歩いてきた2500人の姿を見た田中正造は記している。

「それぞれが着ていた蓑を敷いて休息に入った。大変な数だが、鉱毒被害地の百数十カ村の全てではない。この一行は洪水の氾濫で、鉱毒に家は侵害され、衣食に困っている人たちである。渡良瀬川流域二十数カ村のうち激甚災害地の人にすぎない。

しかし被害範囲は拡大であり、お互いに知っている人は少ないにもかかわらず各村の被害民はお互いの窮状を思い合いから身を寄せ合っている。少しも騒ぐことがなく、つつましく自分を保っている。その情、真に愛すべきのあり」

この時代から東北地方の厳しい生活があり、南国の暖かさの中で受ける厳しさに大きな違いがあったのです。

回を重ねるごとに被害者へ妨害は強まっています。すべて大切な記事ですが、たくさんあるので箇条書きにします。

・2回目の押し出し

警察が川の舟橋を外し、被害者たちは冷たい川に飛び込んで渡った。

・3回目は野宿

そこへ憲兵たちに馬で蹴られる。

・途中の集落で炊事用の鍋や釜を借りようとする。

・今度は警察が貸与を禁じて、食事ができなくなった。

◎正造の怒った場面

被害者に暴力を振るって逮捕し、罪に問うという正邪逆転の「川俣事件」と判断した。

ここでようやく取り上げてもらったのが「川俣事件」と命名されていた。

・裁判中、正造も罪に問われた。

明治30年11月28日午前

傍聴中の正造は耐えられなかったのでしょう。

・鉱毒被害者たちを凶徒とし、治安警察法違反を犯したという検事の論。
・明治33年2月13日　4回目の押し出し。
・300人の憲兵や警察官がいた。
・「土百姓!」と叫んで被害者に襲いかかった。
・抜刀し、石を包んだ手拭いで殴り頭を踏みつけた。
・兇徒聚衆罪《きょうとしゅうしゅうざい》で100人余りの被害民を逮捕した。

◎正造の取った態度

・判事や検事に面して、ことさら両手で顔をなでながら2、3回大きく咳のような声を発し、引き続き両手を高く差し伸べて、『ア、アーッ』と大声を発してあくびをしたように装う。
・判事や検事、裁判所書記の職務に対し、その職務の面前で侮辱する。
『田中正造官吏侮辱事件(アクビ事件)予審集結決定書』
・正造は休憩後も、弁護士や雑誌記者らがいる前で、先ほどの検事を名指しして、「あの野郎、賄賂を取りやがったに違いない。いっそ『俺は賄賂を取ったからこんな弁論をする』とこきやがればよい」

と大声で演述。
・傍聴人約30人の前に行き「検事のばかやろう！」と大声で叫んだ。
弁護士から注意される。
・正造は再び記者たちの所へ戻り「人間としてあんなことが言えるものでない」と言ったという。
その後、正造は約40日の重禁固刑になった。


アニメの場面になりそうなイメージがふっと浮かびました。

田中正造の姿が画面に大きく堂々と叫び続ける姿が。

それこそ我が身の危険性も忘れ、怒りを吐き出し被害者を守っている懸命の姿のような場面でした。

◎自由主義の子どもたち

当時の土佐は、板垣の出身地でもあり、自由民権運動の本場だった。しかし安岡によると、幡多郡は立憲帝政党に属する者が多く、拠点になっていたという。〈土地の気風が格別に保守的であるのと、維新前からの勤王気質の抜けなかった〉ことが背景にあり、自由党に対して「革命を企てて、共和政治を目的としている」「不倶戴天の国賊」と決めつける風潮があった。

板垣が岐阜で演説に臨んだ後、暴漢に刺される事件が起きたのは1882（明治15）年4月。ちょうど幸徳たちが新聞作りに励んでいた時期だろう。自由党員たちに広がった衝撃と怒りを幸徳たちも共に感じたはずだ。

この年の秋、中江兆民は高知に少し戻っている。11月22日付の土陽新聞に、香美郡の赤岡の浜辺で開かれた「旧海南自由党魚漁大懇親会」について伝える記事がある。

「この日海浜で、大勢の人たちの中を、ぼろを体にまとって蘆の折笠をかぶり、腰に蓑を着けた姿で走り回る者がいた」

何かおかしな人がいるぞと奇異な目で見たら、それは「今蘆騒」の中江兆民先生だったという。「蘆」の笠ぐ「騒」ぐ兆民。まさに文字どおりという、ダジャレ記事なのだろうか。

「元気な兆民先生。弟子の幸徳伝次郎と出会うのは、まだ少し先になる」

県民らしく、心から自由を楽しんでいる日があったと伝えてくれています。

◎被告は政府なり

万朝報の境利彦や内村鑑三たちは、すべて田中正造の主張に同意しています。態度など問題にしていません。

「もし世に正反対の人物があるとならば田中翁と古河（足尾銅山の経営者、古河市兵衛）氏とである。二者大抵同年齢の人にして一つは窮民を救わんとしつつあり、他の者は窮民を作りつつある。しかるに無辜（罪のない）の窮民を救わんとしつつある田中翁は刑法に問われ獄舎に投ぜられ、窮民を作りつつある古河市兵衛氏は朝廷の御覚え浅からず、正五位の位を賜り、交際を広く貴族社会に結び、基督教界の慈善家にまで大慈善家として仰がれ、日本中いたるところで優遇歓待されている」

「田中翁は官吏の前で欠伸をなしたればとて、法律の明文によって罰せられ、古河市兵衛氏は7人の妾を蓄え、十数万人の民を飢餓に迫らせて、明白なる倫理の道を犯しつつある」

内村鑑三は、「法律は正造を判別できていない。悪者は闊歩している」と書いたのです。

明治の初め、思想変動が渦巻くさなかに、日に日にたくさんの人々が、今までにない自由と人間であることの喜びを肌で感じ、思い思いの形で生きていこうとしていました。

表に出て活躍する人、陰ながら協力して地道に学習していこうとする人もいました。いろんな人たちの生活の形を取材し、まとめているのが『美しき座標』であったと理解できました。今になって、なんと味わいのある記事が残されていたのかと感動です。

「モジャひげの大男」「だんなのお帰りー」「人生一切が政治なり」「ただでくれたまえ」「掃除をしたくない嶺雲」だとか。まだまだたくさん、いや全てを取り出したい気持ちでいっぱいです。どのページも当時の生きざまが表情豊かに表現され記録されているのですから。

いつの間にか私の頭の中は、明治時代にはまっていました。ですがいつまでもここに立ち止まってはいられません。まだ次の課題が待っています。たくさんの知識をいただき感謝しながら、どうしても『美しき座標』をしまわねばなりません。その後は再び佐木隆三氏の真実を追求するページに戻ります。

作者、佐木隆三氏の『小説 大逆事件』の「あとがき」を改めて読みました。明治天皇の暗殺を企てたのは無政府主義者によるもので、これは『大逆事件』であると短時間で決めつけられたのです。勉強が足りない私にも、24人の処刑者や処刑を免れた人たち、誰一人としてそのような大それた考えを企てたり行動に移そうと語り合ったりしていないことがはっきりしてきました。

佐木隆三氏は、真実と反しているとの疑問が解けた時、『大逆事件 夢とまぼろし』に200枚加筆して、『小説 大逆事件』と改題して改めて出版しているほど真剣であり自信をもって最後まで責任を果たしています。

身近な方で、今は亡くなられている議員さんにも届いてほしい大変化です。

「安心してください。『冤罪』は、皆さんも訴え続けてきた声がきちんと証明されましたよ。議員さんの説得してきた声も、議員さんに賛同を寄せていたたくさんの声は今、バンザイ！　バンザイという大歓声で、沸きかえっていることでしょう」

私は後期高齢者であることを意識して、のんびりと本を読んでいる暇はないと今回もよいとこ取りのつまみ食い形式でと取りかかったのですが、奇跡も起こるものです。

もう少しもう少しとページをめくっていくうちに、第1章が終わり、第2章も終わっていました。第3章、休む間もなく、第4章が終わりました。第5章、第6章と、いつの間にか全部終わっているのです。こんなに無理なくすらすら全部終えるなんて、予想もしなかった現実です。

理由は考えないことにして、終わった後のすっきり気分が味わえました。おかげで理解できる内容がまとまりました。

・24人の処刑者を出したことは、国内における無政府主義者を一挙に撲滅させる策略が成功したにすぎないことです。

・そんなことを無理に行わなくても、日本の歴史の中から天皇制は消えることはなかったのです。

・明治、大正、昭和、平成の天皇の皆様は、わたしたちにとっては遠い存在のお方ですから詳しくは知ろうにもできないことですから、テレビや新聞からの情報から得たものです。お姿は謙虚で国民へのお心遣いは、（かたじけなく存じます）というところではないでしょうか。

・特に印象に残るのは、戦争中のお姿です。天皇が述べたい内容が十分に届かない会議では、海軍や陸軍が天皇の意見を無視した結果、戦争へと進んでいったことになります。

・平成になって天皇たちは、姿勢を低くして国民の目線で話をしようとする努力が見えました。

・学問のレベルが違っているとしても、しっかり胸にしまい、国民の前で謙虚です。これは私の持論にすぎませんが、日本は今の天皇制の存在をなくしたら、国はめちゃくちゃになり、戦国時代のように内乱が起こっていたかもしれません。

明治時代になって表面化してきた無政府主義は、人を人として尊敬し上下に民分差をなくし、すべての人が一人の人間として生きていきたいと訴えていたのであり、天皇を暗殺するなどさらさら考えてなかったのが余計に見えてきます。

幸徳が東京監獄監房で遺言として書いた中から、以下抜粋します。

＊革命の性質

私どもの革命は、主権者の変更いかんには頓着せず、政治組織、社会組織を根本的に変更することです。足利が織田になろうが、豊臣が徳川になろうが、おなじ武断封建の世ならば、革命とは申しません。明治維新は、天子は依然として続いていても革命です。それも天子および薩摩、長州が徳川氏に代わったからではなく、旧来の凡百の制度、組織が根底から一変されたから革命なのです。一千年前の大化の改新、人民の手ではなく、天皇によるものであってもほとんど革命に近かったと思います。

・無政府主義者の革命　―社会進化の過程の大階段を示す言葉
―自然におこるもの

・皇室はどうなるか

　—一個人や一堂派でなしうるものではない
　—自由に繁栄、幸福を保つ
　—指導・命令すべきことではなく
　—なんらかの束縛を受けない
　—皇室がみずから決すべき問題

・無政府主義者は

　—武力、権力に強制されない
　—万人が自由な社会の実現を望む

＊無政府主義と暗殺

・無政府主義のなんたるやがわかってない。
・ピストルや爆弾で主権者を担うように解釈する。
・権力、武力で強制的に統治する制度はなくなる。
・道徳と仁愛をもって結ばれる相互扶助共同生活の社会にするのが人類社会の必然の大勢、自由と幸福をまったくするには、これにしたがって進歩しなければならない。
・無政府主義者が圧制を憎み、束縛をいやがり暴力を排斥するのは必然の道理。

・要するに暗殺者は、そのときの事情と、その人の気質にふれる状況いかんによっては、いかなる党派からも出るので、無政府主義とはかぎりません。
・無政府主義者は平和と自由を好むがゆえに、むしろ暗殺者少なかった。
・私は事件を審理される諸侯が、「無政府主義者は暗殺者なり」との妄見を持たれないことを希望します。

＊いわゆる革命運動

・明治維新においても、その以前から準備があり、すなわち勤皇思想の伝播です。水戸の大日本史でも、頼山陽の日本外史、正記でも、本居宣長や平田篤胤の国学も、高山彦九郎の遊説もそれであります。彼らは徳川氏の政権掌握というものが日本国民の生活に適さなくなったことを直感した。あるいは自覚せずとも、おぼろげに自覚して革命の準備をしたのです。
・もし準備をしなかったら、外国人の渡米という境遇にあって、危ういかな日本は、今日の朝鮮の運命を見たかもしれません。
・朝鮮の社会がついに独立を失ったのは、長くその腐にまかせてみずから刷新して新社会に入る能力と思想がなかったためだと思います。

・われわれはつねに新主義と新思想を鼓吹すべきで、すなわち革命運動の必要があるのです。

私は初めて朝鮮が今日に到るまでを知りました。

＊直接行動の意義

・検事局と予審廷の調べにおいて、直接行動というが、やはり暴力革命とか、爆弾を用いる暴挙ということが、ほとんど同義に触れている。＝驚き

・ゆえに直接行動論者であることを今回の事件の有力な一原因に加えるのは理由のないこと。

＊欧米と日本の政策

・ヨーロッパの文明国では無政府主義の新聞や雑誌は自由に発行され、集会は自由に催されています。フランスは週刊新聞が7、8種類もあり、イギリスのような日本の同盟国でも英語やヘブライ語のものが発行されています。

・無政府主義は危険だから同盟して鎮圧しようと、ドイツやイタリアやスペインによってしばしば議論されましたが、かつて成立したことはありません。いく

ら腐敗した世の中でも、文明の皮をかぶっている以上はそう人間の思想の自由を蹂躙することはできないはずです。とくに申しておきますが、日本の同盟国イギリスはいつもこの提議に反対です。

＊一揆暴動と革命

・私どもの用いる革命という言葉の意義と文字どおりの一揆暴動は、区別しなければなりません。

・しかるに多数の被告人は、「幸徳の暴力革命に与した」ということで、公判延に移されたようです。私も予審延において、この暴力革命うんぬんで訊問され、「革命」と「暴力」の区別を申し立てるのに非常に骨が折れましたが、今や多数の被告人は、この名目のために苦しんでいると思います。

検事と予審判事は、まず私の話に「暴力革命」という名目をつけ、「決死の士」という難しい熟語を案出し「無政府主義の革命は皇室をなくすことである。幸徳の計画は暴力革命を起こすことである。ゆえに計画に与したものは大逆罪である」と、三段論法で彼らを責めたてたものと思われる。それは私が、「直接行動」「革命運動」などと話したことが、彼らに災いしたことになったとみられ、実に気の毒に思います。

＊聴取書と調書の杜撰

・私ども無政府主義者は、いまの裁判という制度が、完全に人間を審判しうるとは信じていないけれども、今度見聞きしてさらに危険を感じました。私は自己の運命を満足する考えですから、もはや抗議したくありませんが、多くの被告人の利害に大きく関係するようなので一応申し上げたいと思います。

・第1に、検事の聴取書なるものは、なにが書いてあるか知れたものではありません。

私は検事の聴取書なるものは、ほとんど検事の曲筆舞、牽強付会になっているだろうと察します。

第2は、予審調書を訂正することの困難さです。

第3には、予審調書の文字ほど大切なものはないのですが、予審はだいたいの下調べだと思って、さほど重要と考えないで、捨てておくことが多い。

聴取書や調書を杜撰にしたことは、制度のためのみでなく、私どもの無経験から生じた不注意の結果でもあります。私としては今さら訂正を求めたりはしませんが、どうか気の毒な多数の地方青年のために、お含みおきを願いたいと存じます。

以上、私が申し上げて、ご参考に供したい考えのおよそのことです。なにぶん連日の公判で頭脳が疲れているために、思考が順序よくまとまりません。加うるに、まったく火の気のない監房で、指先が凍ってしまい、ここまで書くうちに筆を3度も取り落としたぐらいですから、ただ冗長になるだけでなく文章もつたなく書体も乱れて、さぞ読みづらいでありましょう。どうかお許しを願います。

とにかく、右に述べましたなかに、多少の取るべきものがあれば、これを裁判官、検察官諸公の耳目に達したいと存じます。

明治43年12月18日午後　東京監獄監房にて　幸徳秋水

真夜中の静寂さに包まれて手記を読んでいると、いつの間にか秋水さんの筆で認める音まで伝わってくるようでした。冷たさで何回も筆を落としても書き続けていくのです。寒い監房で背後には、いつくるかわからない呼び出しの声を感じながら、切々と認めておられたのかと思うと、私の目にまたもや涙が自然に浮かんできました。

それから間もなくして、国内における無政府主義者を、一挙に撲滅する努力が成功したにすぎません。

これが国民を震い上がらせた、「大逆事件」だったのです。

１９９５年３月20日に「地下鉄サリン事件」が発生していますが、「地下鉄」は関東として、94年６月27日には、「松本サリン事件」が発生しています。私はその当時を思い出そうにも詳しいことは何もわかりません。「高知と関東」「高知と松本」の距離はとても遠い。その頃は娘たちは関東や松本にいましたが、母親の私は、右足にギプスしてベッドにおり、リハビリに明け暮れており、電話で安否を気遣ってやる気分ではありませんでしたが、後日娘たちが帰宅した折、その当時の様子を聞くことになりました。小さなアパートにいたり、コンビニの駐車場にいて、風向きのおかげで何事もなく終わっていたのです。もし風向きが反対だったらと想像しただけで恐ろしくなり、今は元気な姿でいられることに感謝、感謝です。

その後サリン事件のことは、考えることなく、いつしか忘れてしまい、退院後は痛さを我慢し続けるリハビリの毎日でした。

不思議にも、今改めてオウム真理教に関して、佐木隆三氏の本を読むことになり、初めてサリン事件の詳細を知ることになりました。

●最初に宮下太吉の爆製弾の話から。明治42年11月3日。

・現場検証はされてない。

・宮下の供述にもとづいた薬品の調合で破壊実験をした。

・大音響と馬事が大破した。「危害ヲ加ヘソトシタル者」と認定し、24人に死刑を宣告した。

・宮下はあくまでも自分が主謀者で独断専行であり、全てが間違っていたと述べた。

●大審院は幸徳秋水を主謀者とみなす、大石誠之助、森近運平、松尾卯一太と共謀があったとした。

●藩・軍閥批判で窮地に立たされた桂太郎内閣と、元老の山縣有朋との関係。

・爆裂弾製造の「明科事件」を利用して、反政府勢力を弾圧。

・和歌山・大阪・兵庫・岡山・熊本などで検挙された冤罪者は、「人間の自由」を求めて戦っていた。

●石川啄木のいう「時代閉塞の現状」の中で、ことごとく言論を封じられた者たち。

・仲間内および放談で憂さ晴らし→空想的なテロ計画を口にした→「皇室に対スル罪」に擬せられてしまった。

◎著者「佐木隆三氏」が気づいたこと

・先にオウム事件と大逆事件はどこか似ているように思っていた。

・違っていた内容

「教祖の妄想が肥大化した無差別テロになったオウムの犯罪は、破廉恥罪でしかない」

それに比べて、

「大逆事件の冤罪者たちは、自由を求めて戦っていた」

＊オウム事件とは似て非なるもの

・「早く書かなければならない」と、執筆にとりかかった。

ということです。

著者の誠意と誠実さと根気よさを最後まで貫き通されて、世に知らしめてくださったこと感謝に堪えません。お疲れさまでした。

追伸　著者の胸の内を再度奮起させた訳

追伸　著者の胸の内を再度奮起させた訳

『小説 大逆事件』の著者・佐木隆三は、最初、『大逆事件 夢とまぼろし』というタイトルで2回に分けて300枚ずつの本を完成させています。

その頃世の中は、「地下鉄サリン事件」や「松本サリン事件」が勃発して騒がしくなっていました。

著者は地方裁判で行われる公判に行ったり、取材で忙しくなっています。そんな忙しさで得たものが、著者の新たな疑問点として纏められていったことがよくわかります。

次第に「サリン事件」と「大逆事件」が、どこか似通っていることに気がついてきます。

「サリン事件」の大元は、オウム真理教でした。今頃になって驚くなんて笑いぐさになるでしょうが、仕方ありません。一文字一文字語られる内容から学ばないといけないのです。それがとてつもない計画が立てられていたということもです。教祖を「神聖法皇」として、富士山麓に法皇居を構える予定を立てていたそうで、まるでおとぎ話を聞いているのではないかと目をこすりたい気分です。

内容はと言えば、真理国の樹立と法皇の即位により、日本国の天皇は廃位するというものです。

ここが秋水の天皇に対する考えと、はっきり違っていることがわかります。

また、旧ソ連製の自動小銃をモデルに１０００丁を製造する計画を立て、95年元旦には発射機能をもつ完成品１丁が、「科学技術者」から麻原に献上されています。いかに妄想とはいえ、大日帝国憲法下における刑法ならまさに「大逆罪」です。まさしく処刑された宮下太吉も、明治42年11月３日、長野県の明科の裏山で試発しています。そして法廷で、「自分の体が吹き飛びそうな爆風と爆音が起きた」と述べています。

ところがこれに関する現場検証はされていないのです。

宮下が取調室でスケッチした見取り図を持参した警察官が実況見分しても、場所が特定できなかったので、大審院が陸軍の火薬製造所に鑑定命令を出して、宮下の供述に基づいた薬品の調合で破壊実験をさせたところ、大音響とともに馬車が大破したから、「危害ヲ加ヘントシタル者」と34人に死刑を宣告したのです。

法廷で宮下は、すべて自分が首謀者であると主張していますが、大審院は幸徳秋水を首謀者とみなし他の者たちと順次共謀があったと一方的に決めつけているのです。このような判決の仕方は、当然のごとく成していたようです。

これは、日露戦争のあとに高まった藩・軍閥批判で窮地に立たされた桂太郎内閣が、元老の山形有朋の指示に従い、爆裂弾製造の「明科事件」を利用して、反政府勢力を弾圧したといえます。和歌山・大阪・兵庫・岡山・熊本などで検挙された冤罪者たちは、人間の自由を求めて戦っていました。

石川啄木も非常に矛盾を感じ残念がっていた一人だったことを知りました。

「時代閉塞の現状」のなかで、ことごとく言論を封じられた者たちが、仲間内の放談で憂さ晴らしをして、空想的なテロ計画を口にしたことが、「皇室に対スル罪」に擬せられてしまったと述べています。

☆著者の言葉（佐木隆三氏）

オウム事件と大逆事件はどこか似ているような気がしたと書いたが、教祖の妄想が肥大化した無差別テロになったオウムの犯罪は、破廉恥でしかない。それに比べて大逆事件の冤罪者たちは人間の自由を求めて戦っていたのであり、オウム事件とは似て非なるものだ。そのことに気づいて、「早く書かなければならない」と執筆に取りかかったのだと述べています。

著者が、なんとしても早く書き直さねばならないと焦っている気持ちがよくわかり、感銘を受けました。

令和5年・9月5日（火）の新聞を見て、「あらっ?」と目が留まり、時代もまた止まり、発展していないんだと思ってしまいました。

内容は「辺野古阻止切り札失う」

「沖縄知事　承認拒否国難」

『知事が承認を拒み続けた場合、政府は地治法に基づく代執行訴訟を提起するとみられる』

「判決により『知事の事務処理は違法』と司法の最終判断が示された」

ここです。内容の表現は、多少の違いがあるとしても、明治43年、大逆罪の裁判の終結に使用された判決の言い渡しは、

「これは刑法の第73条に当たる犯罪で、ゆえに裁判所構成法により、大審院が一審にして、終審とする裁判権を有する」

この裁判は、日本だけでなく、ドイツやイギリスの法制上も裁判した事例があるそうです。

おわりに

「竹林から雑木林へ、新緑が美しい森の中を歩く。クロマツやユリノキ、コウヤマキ、スダジイ……。大きなヒマラヤスギも枝を広げている。木陰の間を風がそよぐ。このまま小道を歩いて行けば、かつての武蔵野にたどり着けそうな気がした」

この文章は「蘆花恒春園《ろかこうしゅんえん》」に一歩踏み込んだ方が美しい風景を描いた冒頭です。私は新聞の切り抜きを持って、ようやくたどり着いた瞬間で、静けさと豊かな自然が目の前に広がっている光景に見とれていました。

改めて落ち着いて新聞の切り抜きを広げ、シワを伸ばしました。今まで全く気がつきませんでしたが、新聞の日付は２０１９年（令和元年）６月15日（土曜日）でした。なんと４年も前のことでした。

「本の中にはページの間から慟哭が聞こえてくるようなものがある。高知県立大学が処分した本のうち、明治期の人々の姿を浮かび上がらせる、ある日記の記述を追ってみる」

とありました。

それは蘆花の妻、愛子夫人の日記でした。壁には正装した二人が寄り添っている写真がありましたが、明治の写真と思えないほどはっきり写っていました。二人の姿は凛としたたたずまいで、夫に寄り添っている夫人の姿勢は語らずとも夫の気持ちを一番理解しておられたのだと伝わってくるのです。

〈蘆花の姿　伝える妻の日記

秋水の死「可愛そうで……」〉

蘆花は判決が下りた時から、理解できない誤った判決だと判断していたのです。それを証明してもらおうと蘆花は兄の蘇峰にお願いしたり、天皇陛下にまで言上して理解していただこうと必死だったと知りました。

ところが、その願いもむなしく処刑されたと知った夫の姿を、夫人は日記に書き記していました。

蘆花は、主義思想は秋水と違っていたそうですが、それとは関係なく、秋水を絶対に死なせてはならないとの思いを最後まで持ち続けていました。

「1月26日夜明け方嗚咽の声に目覚める。わが夫夢に襲われたかと声をかければ、『考えていたら可愛そうで可愛そうで仕方がなかった』ただため息をつくのみ。わが夫のいわゆる『政府の謀殺暗殺!!』とは実際なり。大石氏の『うそからでたまこと』と実にその真を言い表すと言うべし。小さな卵をふ化させて殺したといったような、おお陰険なる政府の仕方よ。彼らも日本国民、その国民を愛する兄弟の一人ならずや……」

「秋水書院は、秋水がなくなった日に棟上げが行われ、その年に完成した。蘆花夫妻は『秋水書院』と名付けたが、公に広まったのは第二次世界大戦後になる」

恒春園の中は、三つの古民家があり、廊下でつながれています。「母屋」から「梅花書院」へ、そして「秋水書院」へとつながっています。

蘆花は、秋水が刑死して間もない1911年2月1日、一高で学生たちを前に「謀反論」と題する講演を行ってたそうです。

「諸君、幸徳君等は時の政府に謀反人と見なされて殺された。が、謀反を恐れてはならぬ。自ら謀反人となるを恐れてはならぬ。新しいものは常に謀反である」

〈可愛そうで、可愛そうで……〉

秋水の死を残念に思う蘆花は、世の人々が秋水をいつまでも忘れないで書院と共に生き続けてほしいと願ってやまなかったのです。

蘆花は、並の人ではなかったとよくわかりました。明治39年4月トルストイを訪問しています。滞在の間トルストイに寄り添い「われら何を為すべきや」を学んで帰国しています。トルストイは別れ際に「トクトミ、君は農業で生活することはできないかね」と尋ねたとのことです。その後、蘆花は農業生活を始めることを決意したそうです。

明治40年、蘆花は現在の地に移転しています。

「村の者は『粕谷御殿』なぞと笑っている。『御本邸なしの別荘』とユーモラスに書く」

このような環境の中で、自らを美的百姓と称し、「晴耕雨読」の生活を送り、数々の作品を世に発表したそうです。

この時代に植えられた植物たちは、美しく逞しく成長し、森や林の風景を保ちながらずっと生き続けているのです。

「その中でも木々の中にひときわ美しく映える家屋が「秋水書院」。幡多の人、幸徳秋水の名をつけた建物だった」と編集者は強調しています。

秋水は、すべての責任をとるつもりで刑を受けようと胸の内に言い聞かせていました。やがて呼び出しの声があり、ゆっくり立ち上がりました。紛れもなく1番目に処刑台に向かっていきました。

主義思想が違っていても、ここまで秋水の死を悼み、可愛そうでと嘆き悲しんでいた蘆花の気持ちが、書院に託されたのです。優しい蘆花の心の中を、ある中年の夫人はこう呟きました。

「主義思想を超えた人類愛であり、優しさかもしれません」と。

蘆花の優しさは、無実を証明することも許されず、あっという間に処刑された人々に対しての哀悼でもあり、「秋水書院」として、世の人々に希望や夢を持たせてくださったのかもしれません。

これからもずっと輝き続けていってほしいと願っているのです。

最後に、今までも、これからもずっと「蘆花恒春園」を保護し、支えておられる関係者の皆様方に頭が下がる思いです。

埇田　なな

〈引用・参考文献〉

1　記念館パンフレット（蘆花恒春園）
2　テレビ番組　関口宏『もう一度！　近現代史』
BS6チャンネル　土曜12時から約1時間
3　『昭和史』半藤一利著
昭和8年2月22日の新聞　朝日新聞より
4　『母』三浦綾子著
5　『蟹工船』
・企画・編集　バラエティ・アートワークス
・発行所　株式会社　イースト・プレス社
6　高知新聞『美しき座標』ほか
7　『小説　大逆事件』佐木隆三著

プロフィール

埇田なな（そねだ なな）

著書『雷鳴の中で』『生きる』『絆は永遠に』『条理は斬られた』
書こうと思い立つと、じっとしておれなくて、旅をする気分で、あちこち取材に出かける楽しさがありました。
『まなざし』を振り返ってみれば、
- 肩の力を抜き
- 心や気持ちのまま
- 知識の薄さをじっくり味わい（我が身の）
- 第一人者の著書や資料から学ぶ機会を得た満足感

等とともに、残酷さや悲しさを胸に秘めながらも、書く楽しさも味わい、すっきりした気分で終えることができました。

まなざし

2025年2月28日　初版第1刷発行

著　者――埇田なな
発行人――坂本圭一朗
発　行――リーブル出版
〒780-8040
高知市神田2126-1
TEL088-837-1250
装幀・装画――傍士晶子
印刷所――株式会社リーブル

ISBN 978-4-86338-438-5